LINEAMENTOS DE DIREITO PROCESSUAL DO TRABALHO

FRANCISCO GÉRSON MARQUES DE LIMA

LINEAMENTOS DE DIREITO PROCESSUAL DO TRABALHO

MALHEIROS EDITORES

LINEAMENTOS DE DIREITO PROCESSUAL DO TRABALHO
© FRANCISCO GÉRSON MARQUES DE LIMA

ISBN: 85-7420-665-2

Direitos reservados desta edição por
MALHEIROS EDITORES LTDA.
Rua Paes de Araújo, 29, conjunto 171
CEP 04531-940 — São Paulo — SP
Tel.: (0xx11) 3078-7205
Fax: (0xx11) 3168-5495
URL: www.malheiroseditores.com.br
e-mail: malheiroseditores@terra.com.br

Composição
Acqua Estúdio Gráfico Ltda.

Capa
Criação: Vânia Lúcia Amato
Arte: PC Editorial Ltda.

Impresso no Brasil
Printed in Brazil
04.2005

*Há mais de dois anos, o Sol passou a brilhar muito mais radiante.
Era Kybele que nascia e, sem pedir licença a ninguém, vinha iluminando
o mundo, com suas brincadeiras e gracinhas, tão lindamente infantis.
As mãozinhas suaves, os olhinhos de desprotegida, a fragilidade em cada
gesto... Eu não sabia que algo tão pequeno e inofensivo
era capaz de despertar tanto amor e alegria. A vida é mesmo um espetáculo...*

*À minha mãe, D. Auta, que criou os filhos na fé, na oração
e na reverência a Deus.*

*À memória de meu pai, o Chico Balbino, pelo exemplo de retidão
de caráter, vigorosa personalidade, e pelas lições de trabalho incansável
e bravura. Que eu tenha forças para seguir o seu exemplo de luta
e destemor, mesmo sem a sua companhia física desde fevereiro/2003.
À Profa. Magnólia Lima Guerra, ex-Diretora da Faculdade de Direito
da UFC, cuja tenacidade nunca será reconhecida à altura
de seu merecimento ("in memoriam", 2004). Minha eterna admiração
ao exemplo de mulher cearense, de fibra e dedicação à academia.
Que Deus a tenha em seus braços, reconhecendo o seu imenso valor.*

APRESENTAÇÃO

Olá, caro leitor!

Acabamos por aderir à corrente dos "resumos jurídicos", tantos foram os pedidos e as dificuldades de atualizarmos obras mais densas.

Eis o nosso resumo de Direito Processual do Trabalho, voltado a atender às pessoas que dispõem de pouco tempo para se aprofundarem na matéria. Destinamos, também, àqueles que pretendem, apenas, fazer uma breve revisão do assunto. Na verdade, a leitura rápida é excelente para quem se encontra às vésperas de concurso público. A recapitulação, nestas oportunidades, é essencial.

Obviamente, a natureza deste livro nos impediu de aprofundar qualquer tema. Mas, esforçamo-nos em apresentar ao leitor um pouco de tudo, embora sucintamente.

A linguagem utilizada foi a direta, sem rebuscamentos. Baseado na lei e na jurisprudência consolidada, esta síntese apresenta comentários concisos, escudados em opiniões já solidificadas. Tudo para abreviar a leitura e facilitar a apreensão imediata do conteúdo programático. Acrescentamos, também, "dicas" de memorização e "esquemas didáticos".

E como esta Introdução não pode ser longa, porquanto a demora representaria incoerência, considerando a natureza destes comentários, finalizamos remetendo-o, caro leitor, às páginas que seguem adiante.

Vai junto o nosso desejo de que logre bom proveito. Tenha muita fé e dedique todo seu esforço, sob a iluminação divina, fontes do aprendizado e da justiça.

O AUTOR

SUMÁRIO

Apresentação 7

Capítulo I
ORGANIZAÇÃO E COMPETÊNCIA DA JUSTIÇA DO TRABALHO, DO MINISTÉRIO PÚBLICO E DAS COMISSÕES DE CONCILIAÇÃO PRÉVIA

1. Introdução 15
2. Localização topográfica da Justiça do Trabalho 16
3. Características
   3.1 Aspectos gerais 16
   3.2 Aspectos peculiares 17
4. Competência 17
   4.1 Competência material 19
   4.2 Competência pessoal ou em razão da pessoa 25
   4.3 Competência territorial 25
   4.4 Competência funcional 26
5. Incompetência da Justiça do Trabalho 27
6. Outros questionamentos sobre competência 28
7. Aplicação imediata da EC n. 45/2004 29
8. Conflito de competência 30
9. Órgãos e composição da Justiça do Trabalho
   9.1 Tribunal Superior do Trabalho (TST) 33
   9.2 Tribunais Regionais do Trabalho (TRTs) 34
   9.3 Juízes do Trabalho 35
   9.4 Juízos de Direito 36
   9.5 Secretaria da Vara do Trabalho 37
10. Ministério Público do Trabalho (MPT) 37
11. Comissões de Conciliação Prévia (CCP) e procedimento básico 40

Capítulo II
PRINCÍPIOS, SINGULARIDADES E SUPLETIVIDADE NO PROCESSO DO TRABALHO
1. Apresentação topológica do Direito Processual do Trabalho 44
2. Princípios singulares do processo do trabalho 45
3. Supletividade do processo comum 47

Capítulo III
DA DISTRIBUIÇÃO 49

Capítulo IV
DAS CUSTAS
1. Definição, ônus e oportunidade de pagamento das custas processuais 51
2. Base de cálculo das custas 52

Capítulo V
DISSÍDIOS INDIVIDUAIS: GENERALIDADES
1. Noção e espécies de dissídios individuais: singular e plúrimo 54
2. Dissídios individuais
   2.1 Dissídio individual comum 55
   2.2 Dissídios individuais especiais 55
3. Das partes e dos procuradores 57
4. Arquivamento e revelia 60
5. O preposto e o outro empregado 61
6. Justiça gratuita e honorários advocatícios 62
7. O rito das ações surgidas pela nova competência da Justiça do Trabalho 63

Capítulo VI
DISSÍDIOS INDIVIDUAIS: RECLAMAÇÃO TRABALHISTA
1. Reclamação trabalhista: requisitos e pedido 66
2. Notificações
   2.1 Notificações em geral (art. 841, CLT) 69
   2.2 Citação 71
3. Valor da causa 72

4. Resposta do reclamado	73
4.1 Defesa do reclamado	74
4.2 Contestação	74
4.3 Exceções (arts. 304 a 314, CPC)	76
4.4 Reconvenção (arts. 315 a 318, CPC)	77
5. Da audiência: atos principais e conciliação	78
6. Prescrição (arts. 11, CLT, e 189 a 206, CC)	79
7. Inquérito judicial para apuração de falta grave	80
8. Rito sumário (Lei n. 5.584/1970)	82
9. Procedimento sumaríssimo (arts. 852-A a 852-I, CLT)	82
10. Litisconsórcio e intervenção de terceiros (arts. 56 a 80, CPC)	85

Capítulo VII
ATOS E TERMOS PROCESSUAIS

1. Atos processuais	
1.1 Definição, forma e características	87
1.2 Classificação e comunicação dos atos e termos	88
1.3 Auto, autos e ata	89
1.4 Desistência da ação e do recurso	89
2. Termos processuais	89
3. Nulidades dos atos processuais	90
4. Prazos processuais	
4.1 Conceito e classificação	92
4.2 Princípios, prorrogação, suspensão e interrupção	92
4.3 Contagem (art. 775, CLT)	93
4.4 A Fazenda Pública e o Ministério Público	94
4.5 Preclusão, perempção, decadência e prescrição	94

Capítulo VIII
DAS PROVAS

1. Da prova. Ônus de provar (arts. 818, CLT, e 333, CPC)	96
2. Necessidade de provar	98
3. Meios de prova	
3.1 Prova documental	99
3.2 Prova testemunhal	100
3.3 Prova pericial	102
3.4 Depoimento pessoal. Confissão	103

3.5 Inquérito civil público e procedimentos investigatórios .. 104
3.6 Outros meios de prova 105

Capítulo IX
AÇÕES CABÍVEIS NO PROCESSO DO TRABALHO
1. Introdução 107
2. Ação de consignação em pagamento (arts. 334 a 345,
   CC, e 890 a 900, CPC) 108
3. Ação rescisória (arts. 485, CPC, e 836, CLT) 111
4. Mandado de segurança (art. 5º, LXIX e LXX, CF;
   Lei n. 1.533/1951) 114
5. Ação monitória (arts. 1.102-A a 1.102-C, CPC) 118
6. Ação civil pública (art. 129, III, CF; Lei n. 7.347/1985
   – Lei da Ação Civil Pública) 120
7. Outras ações 125

Capítulo X
AÇÃO CAUTELAR E TUTELA ANTECIPADA
1. Ação cautelar (arts. 796 a 889, CPC)
   1.1 Aplicabilidade no processo trabalhista 127
   1.2 Procedimento geral 128
   1.3 Liminar 129
   1.4 Principais cautelares específicas no processo
       do trabalho
       1.4.1 Arresto (arts. 813 a 821, CPC) 130
       1.4.2 Seqüestro (arts. 822 a 825, CPC) 131
       1.4.3 Caução (arts. 826 a 838, CPC) 131
       1.4.4 Busca e apreensão (arts. 839 a 843, CPC) 132
       1.4.5 Exibição (arts. 844 e 845, CPC) 133
       1.4.6 Produção antecipada de provas (arts. 846
              a 851, CPC) 134
       1.4.7 Justificação (art. 861 a 866, CPC) 135
       1.4.8 Protestos, notificações e interpelações (arts.
              867 a 873, CPC) 135
       1.4.9 Atentado (arts. 879 a 881, CPC) 136
       1.4.10 Outras medidas provisionais 137
   1.5 Recursos na ação cautelar 138
2. Tutela antecipatória 138

Capítulo XI
DISSÍDIOS COLETIVOS
1. Generalidades 142
2. Instauração e procedimento 143
3. Sentença normativa, extensão e revisão 144
4. Ação de cumprimento (art. 872, CLT) 145

Capítulo XII
SENTENÇAS E ENUNCIADOS
1. Sentença: classificação, requisitos e estrutura 146
2. Coisa julgada e erro material 149
3. Enunciados, súmulas e precedentes 150

Capítulo XIII
RECURSOS E CORREIÇÃO PARCIAL
1. Conceito e pressupostos dos recursos. O juízo de admissibilidade 151
   1.1 Pressupostos gerais ou genéricos 152
      1.1.1 Pressupostos de ordem objetiva 152
      1.1.2 Pressupostos de ordem subjetiva 153
   1.2 O depósito recursal 154
2. Princípios fundamentais dos recursos 157
3. Considerações gerais sobre os recursos trabalhistas 158
4. Espécies de recursos trabalhistas (arts. 893 e ss., CLT)
   4.1 Recurso Ordinário – RO (art. 895, CLT) 159
   4.2 Recurso de Revista – RR (art. 896, CLT) ... 160
   4.3 Agravo de Instrumento – AI (art. 897, "b", CLT)
      4.3.1 Cabimento do Agravo de Instrumento, no processo do trabalho 164
      4.3.2 Processamento do Agravo de Instrumento trabalhista 164
      4.3.3 Peças formadoras do Agravo 166
   4.4 Agravo de Petição – AgPet (art. 897, "a", CLT) 167
   4.5 Embargos para o TST (art. 894, CLT; Lei n. 7.701/1988) 169
   4.6 Agravo Regimental – AgReg (art. 709, § 1º, CLT; Lei n. 5.584/1970, art. 9º; Lei n. 7.701/1988, arts. 2º, II, "d", 3º, III, "c", e 5º, "c") 169
   4.7 Recurso Extraordinário – RE (art. 102, III, CF) 170

4.8 Embargos de Declaração – ED (arts. 897-A, CLT, e 535 e ss., CPC) 171
4.9 Recurso "ex officio" (Decreto-lei n. 779/1969; art. 475, CPC) 173
4.10 Recurso Adesivo (art. 500, CPC) 173
4.11 Revisão do valor da causa 174
4.12 Recurso em matéria administrativa – RMA 175
5. Reclamação Correicional – RC 176
6. Protesto em audiência 178

Capítulo XIV
EXECUÇÃO

1. Conceito, competência e espécies 180
2. Liquidação (títulos executivos judiciais e extrajudiciais) ... 182
   2.1 Por cálculos 182
   2.2 Por arbitramento 183
   2.3 Por artigos 184
3. Execução forçada, execução definitiva e execução provisória 187
4. Nuanças, penhora e procedimento básico
   4.1 Nuanças e procedimento básico 190
   4.2 Penhora 194
5. Execução de título executivo extrajudicial 197
6. Embargos à execução e impugnação à sentença de liquidação 199
7. Embargos à arrematação, à adjudicação e de terceiro 203
8. Fraude à execução 204
9. Execução contra massa falida 205
10. Execução contra a Fazenda Pública 207
11. Recursos na execução 209
12. Suspensão e extinção do processo de execução 209
13. Considerações complementares, por força da EC n. 45/2004: o Fundo de Garantia das Execuções Trabalhistas 210

Bibliografia consultada 213

Capítulo I
ORGANIZAÇÃO E COMPETÊNCIA DA JUSTIÇA DO TRABALHO, DO MINISTÉRIO PÚBLICO E DAS COMISSÕES DE CONCILIAÇÃO PRÉVIA

1. Introdução. 2. Localização topográfica da Justiça do Trabalho. 3. Características: 3.1 Aspectos gerais; 3.2 Aspectos peculiares. 4. Competência: 4.1 Competência material; 4.2 Competência pessoal ou em razão da pessoa; 4.3 Competência territorial; 4.4 Competência funcional. 5. Incompetência da Justiça do Trabalho. 6. Outros questionamentos sobre competência. 7. Aplicação imediata da EC n. 45/2004. 8. Conflito de competência. 9. Órgãos e composição da Justiça do Trabalho: 9.1 Tribunal Superior do Trabalho (TST); 9.2 Tribunais Regionais do Trabalho (TRTs); 9.3 Juízes do Trabalho; 9.4 Juízos de Direito; 9.5 Secretaria da Vara do Trabalho. 10. Ministério Público do Trabalho (MPT). 11. Comissões de Conciliação Prévia (CCP) e procedimento básico.

1. Introdução

A Consolidação das Leis do Trabalho (CLT) possui normas de Direito do Trabalho (direito material e relações individuais de trabalho – arts. 1º a 510), de organização sindical e negociação coletiva (arts. 511 a 625), de Direito Administrativo do Trabalho (procedimento de fiscalização nas empresas, pelos órgãos do Ministério do Trabalho – arts. 626 a 642), de organização e competência da Justiça do Trabalho (arts. 643 a 735) e, por fim, de Direito Processual do Trabalho (arts. 763 a 910). Complementando-a e atualizando-a, sobreveio legislação avulsa, chamada de "complementar", tratando dos mais diversos assuntos em matéria trabalhista.

Cuida-se, aqui, do processo do trabalho (CLT e legislação complementar). Apesar dos avanços e retrocessos deste ramo processual, e das críticas assacadas contra a Justiça do Trabalho, ainda é esta que, no âmbito do Judiciário brasileiro, mais se aproxima das classes desfavorecidas e melhor presta a jurisdição.

Em virtude do objetivo sucinto e direto desta obra eminentemente sintética, não abordaremos temas periféricos, indo sem rodeios ao tema principal.

Assim, iniciamos dizendo que o Direito Processual do Trabalho é o ramo do Direito Processual que cuida da solução judicial dos conflitos trabalhistas, fazendo *atuar* o Direito do Trabalho.

2. Localização topográfica da Justiça do Trabalho

A Justiça do Trabalho é composta por:

– Juízes do Trabalho (que atuam nas Varas do Trabalho, órgãos de 1º grau);

– Tribunais Regionais do Trabalho (TRTs, órgãos de 2º grau); e

– Tribunal Superior do Trabalho (TST).

Cada um destes órgãos tem suas áreas de atuação definidas pela Constituição e pela lei e são integrados por magistrados do Trabalho, auxiliados por servidores públicos.

3. Características

3.1 Aspectos gerais

Os órgãos da Justiça do Trabalho disseminam-se por todo o território nacional, insculpindo um escalonamento entre eles quanto ao nível de decisão (duplo grau de jurisdição). Seus membros possuem as garantias da Magistratura (vitaliciedade, inamovibilidade e irredutibilidade de subsídios). O ingresso na carreira dá-se por concurso público de provas e títulos por cada Região do TRT, e a promoção obedece aos critérios de merecimento e antiguidade, alternadamente. O cargo inicial é o de juiz substituto, o qual, na realidade, possui as mesmas atribuições básicas dos juízes titulares.

A Justiça do Trabalho insere-se no Judiciário da União, ao lado da Justiça Federal, da Justiça do Distrito Federal e Territórios, da Justiça Eleitoral e da Justiça Militar.

Como órgão auxiliar, autônomo e independente, há o Ministério Público do Trabalho (MPT), o qual não pertence ao Judiciário, mas funciona ao seu lado, na prestação da tutela jurisdicional do Estado, sendo o legítimo e primário fiscal da Constituição e da legislação obreira, do Estado Democrático de Direito e das instituições públicas.

A EC n. 45, de 8.12.2004 (*DOU* 31.12.2004), alterou profundamente a Justiça do Trabalho, modificando-lhe a competência e aproximando-a mais das demais Justiças. Isto tem reflexo nas características da Justiça Obreira, conforme veremos a seguir.

3.2 Aspectos peculiares

A Justiça do Trabalho, atualmente:

a) é uma Justiça especializada, cuja atuação abrange tudo quanto diga respeito às relações de trabalho, não mais se restringindo somente às relações de emprego, podendo a lei, ainda por cima, estender esta competência;

b) seus órgãos de primeira instância não estão divididos em entrâncias, como na Justiça comum, a qual adota o sistema de promoção de entrância para entrância;

c) no segundo grau, os Tribunais Regionais podem abranger parte de um Estado ou de mais de um Estado; e

d) não possui órgãos especializados para determinada matéria trabalhista, opondo-se ao exemplo das Varas Cíveis, onde há as competentes para questões de família, de Direito Comercial, de execução fiscal etc. Todas as Varas da Justiça do Trabalho fazem tudo. Já no âmbito dos Tribunais, há divisão em Turmas para dissídios coletivos (DC) e dissídios individuais (DI), além da definição de outras matérias e espécies recursais.

4. Competência

Competência é o poder atribuído pela lei a um certo órgão do Judiciário para prestar a *jurisdição* em uma determinada parte do setor jurídico ou área do território, diante de um caso concreto. Jurisdição é o poder de julgar, de decidir concretamente os litígios, pacificando-os com justiça; *competência*, é a medida desse poder, é a setorização da jurisdição.

Os critérios que definem a competência são em razão da *matéria*, da *pessoa*, do *valor da causa* e do *lugar*. Há, ainda, a denominada *competência funcional*, que se refere aos atos que competem aos diferentes órgãos e juízes do mesmo órgão.

A EC n. 45/2004 (Reforma do Judiciário), alterou profundamente a competência da Justiça do Trabalho, passando a prescrever:

"Art. 114. Compete à Justiça do Trabalho processar e julgar:

"I – as ações oriundas da relação de trabalho, abrangidos os entes de direito público externo e da administração pública direta e indireta da União, dos Estados, do Distrito Federal e dos Municípios;

"II – as ações que envolvam exercício do direito de greve;

"III – as ações sobre representação sindical, entre sindicatos, entre sindicatos e trabalhadores, e entre sindicatos e empregadores;

"IV – os mandados de segurança, *habeas corpus* e *habeas data*, quando o ato questionado envolver matéria sujeita à sua jurisdição;

"V – os conflitos de competência entre órgãos com jurisdição trabalhista, ressalvado o disposto no art. 102, I, *o*;

"VI – as ações de indenização por dano moral ou patrimonial, decorrentes da relação de trabalho;

"VII – as ações relativas às penalidades administrativas impostas aos empregadores pelos órgãos de fiscalização das relações de trabalho;

"VIII – a execução, de ofício, das contribuições sociais previstas no art. 195, I, *a*, e II, e seus acréscimos legais, decorrentes das sentenças que proferir;

"IX – na forma da lei, outras controvérsias decorrentes de dissídios individuais e coletivos nas relações de trabalho.

"§ 1º. Frustrada a negociação coletiva, as partes poderão eleger árbitros.

"§ 2º. Recusando-se qualquer das partes à negociação ou à arbitragem, é facultado às mesmas, de comum acordo, ajuizar dissídio coletivo de natureza econômica, podendo a Justiça do Trabalho decidir o conflito, respeitadas as disposições mínimas legais de proteção ao trabalho, bem como as convencionadas anteriormente.

"§ 3º. Em caso de greve em atividade essencial, com possibilidade de lesão do interesse público, o Ministério Público do Trabalho poderá ajuizar dissídio coletivo, competindo à Justiça do Trabalho decidir o conflito."

Cumpre-nos esclarecer que o fato de a EC n. 45/2004 ter aumentado a competência da Justiça do Trabalho não implica dizer que o direito material aplicável nos processos a ela submetidos será sempre o da CLT e legislação correlata. Com efeito, os litígios decorrentes de prestação de serviço não subordinado possuem legislação própria, máxime o Código Civil. Assim, nestes casos, o Juiz do Trabalho aplicará a legislação comum, o Direito comum, e não a CLT, pois a natureza do contrato permanecerá sendo civil. O rito processual, a seu turno, será o trabalhista, porque inerente ao exercício da jurisdição laboral.

A EC n. 45/2004 mudou as regras relacionadas à competência em geral. Agora, havendo relação de trabalho, seja ela qual for, a princípio, a lide, ela será da competência da Justiça do Trabalho. O benefício da dúvida remete a ação à alçada da Justiça Laboral, numa guinada epistemológica que se opõe frontalmente ao que se tinha antes da Reforma do Judiciário.

Vejamos, então, a competência da Justiça do Trabalho.

4.1 Competência material

O critério da competência *material* é aquele fundado no tipo de relação jurídica submetida a juízo. Neste contexto, são da competência da Justiça do Trabalho:

a) As ações oriundas da relação de trabalho (art. 114, I, CF; art. 643, CLT) – A expressão "relação de trabalho", inserida pela EC n. 45/2004, ampliou consideravelmente as questões que podem ser submetidas à Justiça do Trabalho. Agora, não apenas os conflitos de "relação de emprego" (isto é, entre empregados e empregadores), mas os derivados da prestação de trabalho em geral, subordinado ou não, urbano ou rural, comum ou de empregado doméstico (Decreto n. 71.885/1973, art. 2º, par. ún.), sejam individuais, sejam coletivos. Entram, aí, dentre outros, os trabalhadores autônomos, os parassubordinados (caracterizados pela continuidade, coordenação do trabalho e o aspecto predominantemente pessoal da prestação de serviços), os profissionais liberais e outros que desenvolvem pessoalmente contrato de atividade (corretores, advogados, médicos, dentistas, representantes comerciais, cooperativas de trabalho, pequena empreitada, diaristas, faxineiras, bóias-frias, eventuais, avulsos, os que vivem de biscate, terceirizados, estagiários etc.), quer o litígio seja entre o trabalhador e quem o contratou, quer entre o trabalhador e o beneficiário da força de trabalho em geral, inclusive tomadores de serviço. O § 2º, art. 114, CF, confere esta competência para os casos de dissídios individuais e coletivos.

Os litígios que envolvam prestação de serviço entre empresas ou que traduzam estrita exploração comercial de empresas a clientes permanecerão na alçada da Justiça comum estadual, quando o conflito não envolver o trabalhador em sua labuta pessoal.

O novo dispositivo constitucional abriga o que a legislação ordinária já previa, referente aos trabalhadores avulsos. Subordinados ou não, independentemente de sua sindicalização, os avulsos prestam serviços apenas eventualmente, sem se fixarem a um único tomador de serviço, daí por que não são empregados – p. ex.: o amarrador, os consertador de carga e descarga, os estivadores, o vigia portuário, o classificador de frutas etc. (Dec. n. 63.912/1968). Competem à Justiça Obreira os dissídios entre trabalhadores avulsos e seus tomadores de serviços (art. 643, CLT).[1]

Sucede o mesmo com relação ao *dissídio entre pequeno empreiteiro e empregador (tomador dos serviços)*: a empreitada é contrato civil de resultado, no qual se visa à entrega de uma obra, mediante um preço. Os riscos correm por conta de quem executa a obra: o empreiteiro, que, frise-se bem, não é empregado. Pequeno empreiteiro diz-se de quem é o próprio executor da obra, o próprio artífice. Devido sua fragilidade econômica, a lei atribuiu competência à Justiça do Trabalho para dirimir os conflitos da pequena empreitada (art. 652, III, CLT). Embora o processo seja trabalhista, os direitos são civis. Se o prestador de serviços explorar em escala comercial a atividade, a empreitada deixará de ser *pequena*.

---

1. A Medida Provisória n. 2.164-41, de 24.8.2001, acrescentou um § 3º ao art. 643, com a seguinte redação: "§ 3º. A Justiça do Trabalho é competente, ainda, para processar e julgar as ações entre trabalhadores portuários e os operadores portuários ou o Órgão Gestor de Mão-de-Obra – OGMO decorrentes da relação de trabalho".

Na mesma linha encontram-se os parceiros, meeiros e os arrendatários, quando não houver exploração comercial na atividade dos contratantes.

b) Servidores públicos da administração pública direta e indireta da União, dos Estados, do Distrito Federal e dos Municípios (art. 114, I, CF) – A discussão continuará, por algum tempo, quanto aos servidores públicos, uma vez que a nova redação do art. 114, I, CF, não excluiu os estatutários. O texto foi publicado tal como saíra da Câmara dos Deputados; mas o Senado Federal incluíra uma frase: "exceto os servidores ocupantes de cargos criados por lei, de provimento efetivo ou em comissão, incluídas as autarquias e fundações públicas dos referidos entes da Federação". Esta parte deveria ter sido submetida ao crivo da Câmara, em novo turno de votação, para que fosse aprovado (art. 60, § 2º, CF) e, por isso, retornou a essa Casa, juntamente com outras emendas introduzidas no Senado.

Na noite do dia 27.1.2005, o Min. Nelson Jobim (STF), acolhendo parcialmente solicitação da AJUFE (Associação dos Juízes Federais), em controle concentrado de constitucionalidade, deferiu liminar restringindo o inc. I do art. 114, CF, na parte referente à competência da Justiça do Trabalho para processar as ações envolvendo servidores estatutários (ADI 3.395). Desta forma, a Justiça do Trabalho não pode mais julgar lides de servidores estatutários, pelo menos enquanto vigorar a liminar ou se o STF confirmá-la no mérito.

c) Servidores dos entes de Direito público externo (art. 114, I, CF) – As questões trabalhistas envolvendo embaixadas (e outros entes de Direito público externo) e seus empregados são da competência da Justiça do Trabalho, apesar do princípio da extraterritoriedade. A atual CF não solucionou, contudo, o problema da impenhorabilidade dos bens das embaixadas. Deixou esta polêmica para a fase de execução, quando o aplicador da norma deverá se ater aos regramentos do Direito Internacional.

d) Trabalhador temporário versus empresa (art. 19, Lei n. 6.019/1974) – O trabalhador temporário é aquele que labora para a empresa cessionária, substituindo seu pessoal (v. Enunciado n. 331-TST), como terceirizado. Os conflitos entre as duas empresas competem à Justiça comum, pois o contrato entre elas não é trabalhista, mas civil (prestação de serviços interempresarial); os do empregado, com qualquer das empresas, competem à Justiça Obreira. A rigor, esta competência cai na regra geral, exposta na alínea *a*, deste tópico.

e) Dissídios coletivos e greve (art. 114, II e §§ 2º e 3º, CF) – Os conflitos coletivos que envolvam paralisação coletiva (greve) são da competência da Justiça do Trabalho. Já, a EC n. 45/2004 restringiu aos casos de dissídios de natureza econômica os demais conflitos de natureza econômica, pelo que os de natureza jurídica ficam a cargo das próprias entidades sindicais interessadas em resolvê-los por outros métodos, extrajudiciais ou embargos de declaração em dissídio coletivo de natureza econômica. É inconstitucional a condição de haver *comum acordo* para que se ajuíze o dissídio coletivo, por ofender o direito de ação (art. 5º, XXXV, CF) e se estimular a greve para atrair a atuação do Judiciário (art. 114, II, CF).

f) Lides sindicais (art. 114, III, CF) – A EC n. 45/2004 corrigiu uma falha deixada pelo constituinte originário, quando os conflitos intersindicais eram da alçada da Justiça comum estadual. Agora, a própria Justiça do Trabalho tem competência para apreciar os conflitos entre sindicatos (como os de representatividade), entre estes e os trabalhadores (filiados ou não) e entre sindicatos e empregadores. Embora a CF não tenha dito expressamente, a interpretação sistemática e os princípios da unidade constitucional e da razoabilidade nos levam a concluir que os dissídios entre sindicatos patronais e membros da respectiva categoria também são da competência da Justiça Obreira. Entram neste rol, as ações de cobrança em geral, as referentes às liberdades sindicais e à autonomia sindical (mesmo que a ação seja contra o Estado, por interpretação lógica e sistemática da CF), as de restituição de indébito, de depósito judicial, de cumprimento de cláusulas normativas, que visem a obrigar uma entidade a cumprir convenção ou acordo coletivo, inclusive quanto à aplicação de multas previstas no instrumento coletivo, as referentes a eleição sindical, ao trabalhador avulso e seu sindicato, ao direito de filiação e desfiliação e às prerrogativas sindicais etc.

g) Os mandados de segurança, "habeas data", "habeas corpus" e outras ações constitucionais (art. 114, IV, CF) – O dispositivo constitucional só menciona, expressamente, estas ações. Já foi um passo. Defendíamos, há tempos a competência da Justiça do Trabalho para processar e julgar estas ações, pois regidas pelo Processo Constitucional, que é amplo.² Agora, a EC n. 45/2004 pôs fim a qualquer dúvida sobre o assunto. Os atos combatíveis pelo mandado de segurança (MS), p. ex., são os de qualquer autoridade pública, e não mais só de autoridade judiciária do trabalho. Assim, se um gestor público praticar ato ilegal ou com abuso de autoridade, referente à relação de trabalho, o *writ* será impetrado no juízo de primeiro grau da Justiça do Trabalho. O mesmo critério da hierarquia de autoridade pública, para definir a competência do juiz de primeiro grau ou do Tribunal, existente nos demais ramos processuais, também se aplicará à Justiça do Trabalho. Quanto aos *habeas corpus,* o constituinte derivado pôs fim ao entendimento esposado pelo STF de que a Justiça do Trabalho não tinha competência para processá-los. Atualmente, portanto, está firmada dita competência, cabendo o processamento e julgamento aos juízes das Varas do Trabalho quando o ato coator referir-se à relação de trabalho, como o cárcere privado e atos de autoridade adotados em função desta; aos TRTs tratando-se de ato de juiz do trabalho de primeiro grau ou de autoridade que tenha foro privilegiado Regional; e ao TST em relação a ato de TRT, de seus membros ou de autoridade submetida à sua jurisdição originária, por privilégio de foro. Ficam fora do combate por estas ações as discussões sobre servidores estatutários, por força da já referida liminar concedida pelo Min. Nelson Jobim (STF) a propósito do inc. I do art. 114, CF (ADI 3.395).

De todo modo, mais uma vez precisamos recorrer à interpretação, para esclarecer ao leitor que há outras ações de índole constitucional da alçada da Justiça do Trabalho. É o caso do mandado de injunção (art. 105, I, *h*, CF) e da ação civil pública (art. 129, III, CF). Inclui-se, aí, ainda, o mandado de segurança coletivo e, quando a pretensão for a moralidade administrativa ou o meio ambiente do trabalho, a ação popular (art. 5º, LXXIII, CF). Particularmente, entendemos que a reparação civil, no caso de ato ofensivo ao princípio da moralidade pública, em sede de relação de trabalho, é da competência da Justiça do Trabalho.

h) Ações de indenização por danos morais e patrimoniais (art. 114, VI) – A EC n. 45/2004 consagrou o entendimento do TST e do

---

2. V. nosso *Fundamentos Constitucionais do Processo,* São Paulo, Malheiros Editores, 2002; e *Direito Processual do Trabalho,* 3ª ed., São Paulo, Malheiros Editores, 2001.

STF, no particular. Assim, qualquer dano decorrente de relação de trabalho (e não só da relação de emprego) pode ter sua indenização pleiteada na Justiça Obreira. Isto, na realidade, é sucedâneo do que já dissemos na alínea *a*, deste tópico, para onde remetemos o leitor.

i) Ações relativas a multas administrativas aplicadas pelas Delegacias Regionais do Trabalho (DRTs) e demais autoridades do trabalho (art. 114, VII, CF; arts. 626 a 641, CLT) – A disposição tornou a matéria mais coerente com a função da Justiça do Trabalho. As ações, em geral, pertinentes às multas aplicadas pelos auditores fiscais do trabalho (ações ordinárias, mandados de segurança, cautelares, execuções fiscais etc.) serão processadas e julgadas pela Vara do Trabalho.

j) Ações executivas e de cumprimento – Incumbe à Justiça do Trabalho, ainda, executar suas próprias decisões, conhecer e julgar as ações de cumprimento das sentenças normativas (art. 872, par. ún., CLT), bem como os dissídios que tenham origem no cumprimento de convenções coletivas de trabalho, mesmo quando ocorram entre sindicatos ou entre sindicato de trabalhadores e empregador (Lei n. 8.984/1995). Incluem-se, aí, os dissídios sobre contribuições sindicais estabelecidas nas negociações coletivas ou nas sentenças normativas. Encontra-se, aqui, ainda, a execução, de ofício, das contribuições previdenciárias e seus acréscimos legais, decorrentes das sentenças que a Justiça do Trabalho proferir (art. 114, VIII, CF). Esta competência executiva das sentenças é ínsita ao Judiciário em geral e vincula-se ao princípio do juiz natural, que, no particular, expressa-se pela preservação da competência originária (salvo a mudança legal da competência absoluta) e da *perpectuatio jurisdictione*;

k) Os conflitos de competência entre as autoridades judiciárias do trabalho (art. 114, V, CF) – A alteração constitucional só ressalva a competência do STF para processar "os conflitos de competência entre o Superior Tribunal de Justiça e quaisquer tribunais, entre Tribunais Superiores, ou entre estes e qualquer outro tribunal" (art. 102, I, *o*). Se um dos órgãos judiciários envolvidos no Conflito não tiver jurisdição trabalhista, a competência será do STJ (art. 105, I, *d*).

l) Atos de jurisdição voluntária – Assim são chamados aqueles nos quais não há litígio. Sua aplicabilidade é bastante tênue na Justiça do Trabalho, valendo citar a opção retroativa pelo FGTS, de antes da CF até os primeiros anos da Lei n. 8.036/1990; e, até a EC n. 28/2000, o caso da prestação qüinqüenal das contas laborais por parte do empregador rural (art. 233, CF).

Com espeque no art. 114, CF, tem-se atribuído à Justiça do Trabalho competência para conciliar e julgar quaisquer demandas que tenham causa na relação de emprego, como complementação de pensão por ex-empregado (Precedente Normativo n. 26-SDI/TST), preservação do meio ambiente de trabalho, ações civis públicas para resguardo da relação de emprego e da liberdade de associação sindical (p. ex.: imposição e cobrança de contribuições indevidas pelas entidades sindicais), ações possessórias, seguro-desemprego e PIS.

4.2 Competência pessoal ou em razão da pessoa

Competência em razão da pessoa é aquela que tem como supedâneo as qualidades do sujeito do processo. A justificativa deste critério não é a *matéria* nem qualquer outra, senão, unicamente, as características pessoais ou funcionais do ator processual.

Antes da EC n. 45/2004, apontava-se a competência pessoal da Justiça do Trabalho para processar os litígios envolvendo pequenos empreiteiros e trabalhadores avulsos. Justificava-se porque a Justiça do Trabalho só tinha competência para julgar lides decorrentes de relação de emprego, ficando os casos de trabalhadores não subordinados como exceção. Agora, no entanto, a regra mudou, pois ela julga os conflitos decorrentes da relação de trabalho, em geral.

4.3 Competência territorial

Esta modalidade de competência observa a *localidade*, objetivando facilitar o acesso físico ao Judiciário e a prática de atos em geral. É competência relativa, portanto *prorrogável*; logo, se a ação for ajuizada em Vara territorialmente incompetente, mas o reclamado não se opuser na defesa, a Vara passa a ser competente (preclusão), seguindo o processo seu curso normal.

a) Local da prestação de serviços – Constitui a regra (art. 651, CLT), esteja o trabalhador no pólo passivo ou ativo da ação, pouco importando tenha o contrato sido avençado em outro lugar. Se, na mesma localidade, houver mais de uma Vara Trabalhista, far-se-á a distribuição no setor competente do foro (art. 783, CLT).

b) Trabalhadores agentes ou viajantes – Sendo parte no dissídio um destes trabalhadores, competente será a Vara do Trabalho da localidade "em que a empresa tenha agência ou filial e a esta o empregado esteja subordinado e, na falta, será competente a Junta da localização em que o empregado tenha domicílio ou a localidade mais próxima" (§ 1º, art. 651, CLT).

c) Brasileiro trabalhando em outro País – Se uma empresa tiver filiais em outras nações e a elas subordinarem-se seus trabalhadores, a reclamação poderá ser promovida no Brasil ou, se houver Tratado Internacional com o País estrangeiro em questão, nos termos fixados por este (art. 651, § 2º, CLT).

d) Empresas que promovam atividades em várias localidades – Compete à Vara do local da celebração do contrato ou da prestação dos respectivos serviços (art. 651, § 3º, CLT). A faculdade é do reclamante, trabalhe ele em atividades circenses, por exemplo, ou se encontre transferido para outra localidade.

4.4 Competência funcional

Didaticamente, podemos dizer que a competência funcional refere-se ao dever e ao poder do juiz na direção do processo e na otimização do funcionamento da máquina judiciária. Tem pertinência, sobretudo, com o aspecto administrativo das atribuições do magistrado e é, também, modalidade de competência absoluta, pois é imodificável por vontade ou inércia das partes.

Destarte, cabe ao Juiz do Trabalho executar suas próprias decisões; conceder liminares e tutelas antecipadas; despachar petições e recursos; redigir sentenças; dirigir a audiência; velar pela boa marcha processual; propor conciliação etc. (art. 659, CLT).

O Presidente do TRT preside as audiências de conciliação dos dissídios coletivos, dá posse aos juízes substitutos do trabalho; preside as sessões do Tribunal Pleno; convoca suplentes dos juízes do Tribunal, nos impedimentos destes; distribui os feitos, designando os juízes que os devem relatar etc. (art. 682, CLT). Compete aos juízes dos tribunais funcionar como relatores e revisores dos processos;

votar nas decisões judiciais e administrativas do Tribunal; participar das Turmas – quando o Tribunal for dividido em órgãos turmas; e, enfim, desempenhar as atribuições conferidas pelo regimento interno da Corte.

A competência funcional dos órgãos do TST (Pleno, SDI, SDC, Turmas, Ministro Presidente, Ministro Corregedor e demais Ministros) encontra-se estabelecida na CLT (arts. 707 a 709), na Lei n. 7.701/1988 e no regimento interno da Corte.

5. Incompetência da Justiça do Trabalho

Há litígios que, embora decorrentes da prestação de serviço ou que tenham indiretamente feição trabalhista, fogem da competência da Justiça do Trabalho. É que tais modalidades de prestação de serviço não constituem trabalho subordinado. Vejamos as principais delas:

a) Acidentes de trabalho – Cabe à Justiça comum estadual (competência residual, *a contrario sensu* do art. 109, I, CF, e por força do art. 643, § 2º, CLT). Pela Súmula n. 15-STJ, a competência da Justiça comum estadual prevalece até mesmo quando for interessada entidade federal. As ações preventivas de acidente ou pertinentes ao meio ambiente de trabalho são da alçada da Justiça do Trabalho.

b) Previdência social – Competência da própria Previdência Social, em caráter administrativo, e da Justiça Federal, judicialmente. Os institutos de previdência de servidores públicos têm suas controvérsias na alçada da Justiça comum (federal ou estadual, conforme sejam federais, estaduais ou municipais, respectivamente),

c) Parceiros, meeiros e arrendatários – Os litígios decorrentes da parceria, da meação e do arrendamento são da competência da Justiça comum, pois se tratam de contratos civis, com forte teor de sociedade, pendendo para a exploração mútua de atividade econômica, e o rito adequado é o sumário (art. 275, II, *a*, CPC). Se, todavia, verificar-se que o trabalho constitui verdadeiro contrato de emprego rural ou sem finalidade comercial, a competência será da Justiça do Trabalho (v. art. 96, par. ún., da Lei n. 4.504/1964 – Estatuto da Terra).

d) Crimes contra a organização do trabalho (art. 197 e ss., CP) – Competência da Justiça Federal se a lesão for em caráter genérico, concernente à feição orgânica da liberdade de trabalho, e se forem cometidos contra órgãos ou instituições com funções próprias ou delegadas do Poder Público, que integram a organização do trabalho (art. 109, VI, CF); caso contrário, a competência da Justiça comum estadual (STJ, CComp 3126-5, *LTR* 56[10]:1.242).

6. *Outros questionamentos sobre competência*

a) Prorrogação de competência – Ocorre quando a parte não combate a incompetência relativa da Vara, oportunidade em que esta se torna competente. Por outro lado, cabe ao juiz, *ex officio*, declarar nulidade decorrente de incompetência em razão do foro (art. 795, § 1º, CLT). O sentido de *foro,* termo utilizado nesse artigo, é o de *matéria*, que gera incompetência absoluta e nulidade total.[3]

b) Conexão ou continência – Também podem atrair a competência da Vara (arts. 102 a 105, CPC). Dizem-se *conexas* duas ou mais ações quando lhes for comum o objeto ou a causa de pedir. Verifica-se *continência* entre duas ou mais ações se houver identidade de partes e de causa de pedir, mas o objeto de uma, por ser mais amplo, abranja o das outras. Havendo conexão ou continência, o juiz, de ofício ou a requerimento de qualquer das partes, pode ordenar a reunião de ações propostas em separado, a fim de que sejam decididas simultaneamente. Ao ajuizar a ação, se uma outra já houver sido movida, e sendo caso de continência ou conexão, ocorrerá a *distribuição por dependência*, para a Vara que primeiro conheceu da ação (prevenção).

c) Prevenção – Quando existirem várias Varas com igual competência na mesma localidade, a competente será a que primeiro conhecer da demanda (CPC, art. 106), ficando preventa de reclamação movida, posteriormente, n'outras. O momento assinalador da prevenção no processo do trabalho é o da protocolização da petição inicial na Secretaria da Vara ou na Distribuição do Fórum, pois, a partir daí, tem-se como ajuizada a reclamatória.

---

3. *Competência relativa:* é a competência modificável, aquela definida em razão do valor da causa e do território (art. 102, CPC). A *competência absoluta* é imodificável, é declarável de ofício pelo juiz e tem pertinência com a matéria, à pessoa e à função. A primeira deve ser oposta via *exceção* (em petição distinta), e a segunda deve ser argüida como *preliminar* (o que implica dizer que será na mesma peça) da contestação (arts. 301 e 304, CPC).

d) Foro de eleição – O estabelecimento do foro contratual é inadmissível contra o empregado; a seu favor é aceitável.

7. Aplicação imediata da EC n. 45/2004

A EC n. 45/2004, publicada no *DOU* 31.12.2004, está em pleno vigor, modificando a competência material da Justiça do Trabalho e, por conseqüência, de outros órgãos do Judiciário (art. 114, CF; art. 87, CPC). Alcançou todas as situações jurídico-processuais no dia da sua publicação. Por ser norma de ordem pública, tem aplicação imediata, suprimindo competências da Justiça comum e transferindo-as para a Justiça do Trabalho, de tal forma que o juízo incompetente não pode mais processar ditas ações. E os atos processuais reger-se-ão pelas normas disciplinadoras do processo do trabalho, como manda a regra de interpretação do Direito Processual (a lei aplicável é a do dia da prática do ato processual). Logo, todos os processos de competência da Justiça do Trabalho, que se encontrarem noutro órgão judiciário, devem ser remetidos, imediatamente, à Justiça Laboral, que lhes dará prosseguimento. Ditas ações terão seu procedimento adequado ao rito do processo do trabalho na situação em que se encontrarem, aproveitando-se dos atos já praticados. Desse modo, todos os novos atos observarão a processualidade própria do rito trabalhista (prazos, forma etc.).

As sentenças já proferidas na Justiça comum (estadual ou federal) são válidas, cabendo recurso, se ainda no prazo estipulado pelo processo do trabalho (8 dias, em regra), às instâncias da Justiça do Trabalho, onde receberão o tratamento adequado à espécie. É a inteligência da Súmula n. 10-STJ: "Instalada a Junta de Conciliação e Julgamento, cessa a competência do Juiz de Direito em matéria trabalhista, inclusive para a execução das sentenças por ele proferidas".

Tendo transitado em julgado, a sentença proferida na Justiça comum ou estando ela em fase de execução, os autos serão remetidos à Justiça do Trabalho, onde a execução prosseguirá segundo o processo do trabalho, aproveitando-se os atos já praticados.

Estando os autos no tribunal da Justiça comum (TJ, TRF ou STJ), em grau de recurso, também serão encaminhados ao órgão correspondente da Justiça do Trabalho, onde o recurso receberá o tratamento do Processo Trabalhista.

Não há a necessidade de remessa de processos já findos e devidamente arquivados.

8. Conflito de competência

O art. 803 e ss. da CLT cuidam dos *conflitos de jurisdição*, expressão que não se adapta àquela realidade, até mesmo porque a jurisdição é uma só, dentro da estrutura do Estado. Mais acertadamente, o art. 115, CPC, prefere a expressão *conflito de competência,* o qual ocorre quando ambos os órgãos judiciais consideram-se competentes (*conflito positivo*) ou quando entendem serem incompetentes (*conflito negativo*) para julgar determinada causa, quer o dissenso se dê em processo único, quer decorra da reunião de processos.

Pela jurisprudência pacificada do STJ, pode o tribunal, no julgamento do conflito, declarar competente para processar a ação um terceiro juiz, em vez de um dos que figuram no incidente (*RSTJ* 6/29).

É possível ocorrer conflito entre: a) Varas do Trabalho e Juízes de Direito investidos de jurisdição trabalhista, entre umas e outras ou entre uns e outros; b) TRTs; e c) Juízos e Tribunais do Trabalho e órgãos da Justiça comum. Mas não é possível haver conflito entre qualquer juízo e o respectivo Tribunal ao qual se vincule hierarquicamente. O conflito pode existir, contudo, entre órgão judicial inferior e outro superior, desde que aquele não se subordine ao segundo (p. ex.: é possível embate entre Vara do Trabalho e TRF, ou entre TRT e STJ).

A *exceção de incompetência relativa* requer provocação da parte interessada, processa-se em autos apartados (apensos aos principais) e será julgada pelo próprio juízo apontado como incompetente. Já o *conflito de competência* requer autuação autônoma, formando autos enviados ao tribunal a que se vincule o juízo tido por incompetente (ou por competente), para definição da matéria.

Podem suscitar o conflito os Juízes e Tribunais do Trabalho, o MPT (como parte ou fiscal da lei), a parte interessada ou o seu procurador. A manifestação do juiz dá-se por ofício ao Presidente do Tribunal; a feita pela parte e pelo Ministério Público (MP), por petição, também dirigida ao Presidente do Tribunal competente para dirimir o incidente (art. 118, CPC). No âmbito dos tribunais, somente o colegiado poderá suscitar o conflito, e não o seu Presidente (STF, *RT*

595/259) nem o relator do processo (*RTJ* 118/874, 126/101). De qualquer modo, é preciso que o instrumento siga instruído com provas a sustentar as razões do conflito e de todo o alegado (art. 807, CLT). Não é necessário subirem os autos principais, os quais permanecerão no juízo *a quo*. Mas a praxe vem suspendendo o processo e enviando os respectivos autos ao tribunal, para evitar nulidade de decisões que venham a ser prolatadas durante o processamento do incidente, por vício de incompetência.

O Ministério Público (MP) será ouvido no conflito, como *custos legis*, mesmo quando não seja o suscitante. Esta participação, no entanto, não se confunde com o seu perfil de suscitante do conflito: a provocação pelo MPT é faculdade como órgão agente, ao passo que sua ouvida como *custos legis* é exigência de validade do processamento do conflito, cuja inobservância acarreta nulidade processual.

A parte que já houver oposto na causa exceção de incompetência não poderá formular o conflito, pois a competência já fora definida prontamente, o que não impede, contudo, a renovação da matéria pela via recursal apropriada, oportunamente.

Os conflitos serão resolvidos (art. 808, CLT e CF)

a) pelos TRTs, quando suscitados entre Varas do Trabalho, entre Juízos de Direito investidos da jurisdição trabalhista ou entre umas e outros, nas respectivas regiões. Não pode ser invocada ao caso a competência do STJ, prevista o art. 105, I, *d*, CF, porque ele se refere aos vários outros tribunais, que não os trabalhistas;[4]

b) pelo TST, os suscitados entre TRTs, ou entre Varas e Juízos de Direito (investidos de competência trabalhista) sujeitos à jurisdição de TRTs diferentes; ou entre TRT e Vara do Trabalho a ele não vinculadas. Observe-se que o art. 105, I, *d*, CF, refere-se a "tribunais diversos", donde não ser possível atrair, aqui, a competência do STJ;

---

4. O STJ só tem competência para dirimir conflito de competência entre juízes vinculados a tribunais diferentes inferiores. Quando os conflitantes forem juízes vinculados ao mesmo tribunal, a competência para dirimir o conflito não é do STJ. Na Justiça do Trabalho, os TRTs vinculam-se ao TST, e as Varas do Trabalho aos TRTs. Logo, nenhum destes órgãos se vinculam ao STJ, nem aos TRFs nem aos TJs, como também nenhum destes órgãos se subordinam, estruturalmente, à Justiça do Trabalho. A coordenação do TST sobre os TRTs é estabelecida expressamente pelo art. 646, CLT.

c) pelo STJ, os conflitos entre TRT ou Vara do Trabalho e Juízo de Direito no exercício da jurisdição ordinária. Temos, aqui, juízos vinculados a Justiças diversas (ordinária e especializada), juízos vinculados a tribunais de naturezas diferentes (art. 105, I, *d*, CF);

d) pelo STF, os conflitos entre TST e STJ, bem como entre Tribunal Superior e qualquer juízo a este não vinculado. Conforme determina o art. 102, I, *o*, CF, compete ao STF julgar originariamente "os conflitos de competência entre o Superior Tribunal de Justiça e quaisquer tribunais, entre Tribunais Superiores, ou entre estes e qualquer outro tribunal".

O art. 809, CLT, indica o seguinte procedimento: I – o juiz ou presidente extrairá dos autos as provas do conflito e, com a sua informação, remeterá o processo assim formado, no mais breve prazo possível, ao Presidente do Tribunal competente; II – no TRT, logo que der entrada o processo, o presidente determinará sua distribuição, podendo o relator ordenar imediatamente às Varas e aos juízos, nos casos de conflito positivo, que sobrestejam o andamento dos respectivos processos, e solicitar, ao mesmo tempo, quaisquer informações que julgue convenientes; seguidamente, será ouvido o MPT, após o que o relator submeterá o feito a julgamento na primeira sessão; III – proferida a decisão, será ela comunicada às autoridades em conflito, prosseguindo a ação no foro julgado competente.

Ante o silêncio da CLT, aplica-se o art. 119, CPC: "Após a distribuição, o relator mandará ouvir os juízes em conflito, ou apenas o suscitado, se um deles for suscitante; dentro do prazo assinado pelo relator, caberá ao juiz ou juízes prestar as informações". Esta medida é salutar por abrir oportunidade à técnica dialética e ao contraditório sumário (art. 5º, LV, CF), ensejando a que ambos os juízos divergentes ou apenas o suscitado apresentem suas razões de convencimento.

No conflito *negativo*, obviamente o processo ficará paralisado, porquanto ambos os juízos se entendem incompetentes. No conflito *positivo*, em que ambos os juízos entendem ser competentes para julgar a matéria, o tribunal *poderá* sobrestar o processo, o que é de todo prudente, para evitar nulidade de atos decisórios tomados durante o conflito. Isto, porém, não impede que, excepcionalmente, o interessado solicite providência cautelar para assegurar a eficácia do processo. Este pedido deve ser formulado ao juízo no qual se encontrem os autos sobrestados, por óbvia facilidade na sua apreciação, em face dos elementos contidos nos autos e dos que possam vir a corroborá-lo.

Decidido o conflito, não podem mais os juízos renová-lo nem descumprir o comando do tribunal.

A maioria dos autores entende que a decisão do tribunal no conflito de competência é irrecorrível, por sua natureza meramente declaratória (prejudicial), tomada em incidente processual (Antonio Lamarca, Rodrigues Pinto e Victor Russomano). Para Valentin Carrion, a decisão será recorrível se ofender a CF, salientando que o Regimento Interno do STF (RI/STF) esclarece a irrecorribilidade quando a decisão for tomada no seu âmbito. Tostes Malta lembra serem interponíveis os recursos ordinário e de embargos das decisões do TRT e do TST, respectivamente, nos processos de sua competência originária, o que justifica, por analogia, a mesma recursividade no conflito de competência.

9. Órgãos e composição da Justiça do Trabalho

9.1 Tribunal Superior do Trabalho (TST)

O TST é o órgão de cúpula da Justiça do Trabalho e compõe-se de 27 Ministros, escolhidos dentre brasileiros maiores de 35 e menores de 65 anos de idade, nomeados pelo Presidente da República, após aprovação pela maioria absoluta do Senado Federal, dos quais *(a)* um quinto dentre advogados com mais de dez anos de efetiva atividade profissional e membros do MPT com mais de 10 anos de efetivo exercício; e *(b)* os demais dentre juízes dos TRTs, oriundos da magistratura da carreira, indicados pelo próprio TST.

Para o provimento dos cargos destinados aos juízes de carreira, a indicação partirá do próprio TST (e não dos TRTs), devendo ser encaminhada a lista tríplice ao Poder Executivo. Para as vagas destinadas aos advogados e membros do MPT, o Tribunal encaminhará ao Presidente da República listas tríplices. Os nomes destas listas são escolhidos dentre os das listas sêxtuplas indicadas pelos órgãos de representação das respectivas classes. É exigido, ainda, aos membros do MPT e da advocacia notório saber jurídico e reputação ilibada (arts. 111, I, e 94, CF).

O TST tem jurisdição em todo o País e sua competência continua sendo a atribuída pelo art. 702, CLT, até lei que a modifique, como prevê o art. 111, § 3º, CF.

A Lei n. 7.701/1988 tratou da organização interna do TST, dividindo-o em duas Seções Especializadas: a de Dissídios Coletivos (SDC) e a de Dissídios Individuais (SDI). Atualmente, o Regimento Interno da Corte preceitua, em seu art. 61, serem órgãos do TST: I – Tribunal Pleno; II – Seção Administrativa; III – Seção Especializada em Dissídios Coletivos; IV – Seção Especializada em Dissídios Individuais, dividida em duas Subseções; V – as 5 turmas. Destaca-se, ainda, na sua estrutura, a Corregedoria-Geral e o Conselho Superior da Justiça do Trabalho, órgão de constitucionalidade duvidosa. Estes dois últimos têm função correcional e fiscalizatória dos TRTs, basicamente.

A EC n. 45/2004 estabeleceu que, junto ao TST, funcionarão:

I – a Escola Nacional de Formação e Aperfeiçoamento de magistrados do Trabalho, cabendo-lhe, dentre outras funções, regulamentar os cursos oficiais para o ingresso e promoção na carreira; e

II – o Conselho Superior da Justiça do Trabalho, cabendo-lhe exercer, na forma da lei, a supervisão administrativa, orçamentária, financeira e patrimonial da Justiça do Trabalho de primeiro e segundo graus, como órgão central do sistema, cujas decisões terão efeito vinculante.

Este Conselho não se confunde com o Conselho Nacional de Justiça, composto de 15 membros, com funções de fiscalização, correcionais e punitivas sobre todos os ramos do Judiciário brasileiro (art. 103-B, CF).

9.2 Tribunais Regionais do Trabalho (TRTs)

Órgão de 2ª instância da Justiça do Trabalho, o TRT é composto de, no mínimo, 7 juízes, recrutados, quando possível, na respectiva Região, e nomeados pelo Presidente da República sendo dirigido pelo Juiz-Presidente, eleito pelos membros do Tribunal para um mandato de 2 anos. O número dos membros da Corte varia conforme a Região onde se situe, dependendo do movimento forense. Este número é definido por lei específica. De todo modo, a CF assegura que, na composição dos TRTs, haverá um quinto de membros originários do MPT e da advocacia.[5]

O acesso ao Tribunal, pelos juízes de carreira, dá-se mediante promoção por antigüidade e merecimento, alternadamente. Os membros originários do MPT e da OAB são nomeados pelo Presidente da República, dentre os da lista enviada pelo TRT respectivo, o qual reduz a três o número da lista sêxtupla encaminhada por aqueles órgãos de classe, dentro de cada categoria. Atualmente, temos 24 Regiões, isto é, 24 TRTs.

Os TRTs maiores são divididos em Turmas, e a cada uma delas é atribuída competência pelo Regimento Interno do Tribunal, não podendo deliberar sem a presença de, pelo menos, três membros. Em sua composição plena, o TRT não pode decidir senão com a presença do Presidente e da metade mais 1 do número de seus juízes. Poderão funcionar descentralizadamente, constituindo Câmaras regionais, a fim de assegurar o pleno acesso do jurisdicionado à Justiça, em todas as fases do processo.

Estabelece a EC n. 45/2004 que os TRTs instalarão a Justiça itinerante, com a realização de audiências e demais funções de atividade jurisdicional, nos limites territoriais da respectiva jurisdição, servindo-se de equipamentos públicos e comunitários (art. 115, § 1º, CF).

Sua jurisdição circunscreve-se ao território da Região onde esteja situado. Os dissídios coletivos são dirimidos pelos TRTs se o litígio se restringir à Região; mas se o conflito extrapolar tal alcance territorial, a competência, então, será do TST (SDC). O art. 678, CLT, define a competência do TRT e de seus órgãos.

9.3 Juízes do Trabalho

Órgãos monocráticos de primeira instância, criados por lei, que define sua competência, as Varas do Trabalho são dirigidas por Juízes do Trabalho e se distribuem por várias cidades do País. O juiz titular

---

5. Se o número total da composição do tribunal não for múltiplo de cinco, arredonda-se a fração – superior ou inferior a meio – para mais, obtendo-se, então, o número inteiro seguinte (STF, MS 22.323-5, Min. Carlos Velloso, *DJU*-I 19.4.1996, p. 12.213).

pode ser auxiliado por um juiz substituto, e conta com o aparato administrativo dos servidores da Secretaria.

A competência e os poderes do juiz do trabalho estão fixados, principalmente, nos arts. 652, 653 e 659, CLT. O juiz deve velar pelo regular andamento do processo, inclusive apreciando todos os pedidos que lhe sejam formulados, despachando, deferindo ou indeferindo uns e outros. Em resumo, compete à Vara do Trabalho o julgamento de Reclamação Trabalhista em geral, Inquérito Judicial para Apuração de Falta Grave, ação de cumprimento, ação de consignação em pagamento, ação trabalhista por reparação de danos patrimoniais e morais, ações cautelares quando a principal for de sua alçada, e outras ações derivadas de relação de trabalho, que não estejam especificamente inseridas na competência dos Tribunais.

O ingresso inicial na magistratura trabalhista dá-se por concurso público de provas e títulos para o cargo de juiz substituto, que é nomeado pelo Presidente do TRT. Um dos requisitos para concorrer ao cargo é ser bacharel em Direito e possuir, pelo menos, 3 anos de prática forense (EC n. 45/2004, art. 93, I, CF). A vitaliciedade é alcançada após 2 anos de exercício do cargo. Mediante promoção por antigüidade e merecimento, o juiz substituto tem acesso ao cargo de Juiz do Trabalho (titular), na conformidade da vacância ou criação dos cargos. Daí, observados os referidos critérios, a próxima promoção é para juiz do TRT. E, depois, para ministro do TST.

Não há, na Justiça do Trabalho, o primado da identidade física do juiz (Enunc. 136-TST), o que, portanto, não vincula o magistrado ao processo. Assim, se um juiz proferiu sentença e a parte apresenta contra ela embargos de declaração, não há empecilho algum em outro juiz, que esteja dirigindo a Vara, apreciar o pleito declaratório.

9.4 Juízos de Direito

Se determinada comarca não estiver abrangida pela competência territorial de Vara do Trabalho, o Juiz de Direito desempenhará a função da Justiça do Trabalho de primeiro grau. Mas o segundo grau trabalhista será sempre o TRT, e não o Tribunal de Justiça do Estado.

Havendo mais de um Juiz de Direito, a competência é do juiz cível, por distribuição pela divisão judiciária local, segundo a lei de organização judiciária do lugar. Se dita lei não dispuser desta forma, o competente será o juiz do cível mais antigo (art. 668, §§ 1º e 2º, CLT).

As ações trabalhistas em curso perante o Juízo de Direito seguirão o rito do processo do trabalho, obrigatoriamente. A inobservância ao procedimento adequado acarreta nulidade processual.

No exercício desta jurisdição, o Juiz de Direito é considerado Juiz do Trabalho, para todos os efeitos, sendo trabalhistas suas decisões, as quais desafiam recursos interponíveis ao TRT da Região.

9.5 Secretaria da Vara do Trabalho

A Vara do Trabalho conta com uma Secretaria, cuja função básica é operacionalizar e viabilizar o labor do magistrado, executando suas ordens e despachos, lavrando atas, organizando os processos, redigindo os acordos, remetendo notificações, arquivando e fazendo juntada dos documentos processuais, atendendo aos advogados e aos interessados, providenciando os pagamentos adequadamente e, enfim, oferecendo todo o aparato administrativo de que o Juiz necessita para a prestação da tutela jurisdicional.

É dirigida pelo Diretor de Secretaria, funcionário nomeado pelo Presidente do TRT, auxiliado por vários servidores, dentre os quais o Oficial de Justiça, que é bacharel concursado, e também nomeado pelo Presidente do TRT. Há, ainda, outros funcionários, como o contador e o distribuidor, nas comarcas de mais de uma Vara. Na sala de audiência, funciona o Auxiliar Judiciário, que redige a ata de tudo quanto ocorre na sessão, correspondendo, destarte, ao Escrevente da Justiça comum.

10. Ministério Público do Trabalho (MPT)

O MP não é órgão do Poder Judiciário, nem do Executivo (embora historicamente já o tenha sido, em Constituições anteriores) nem do Legislativo, encontrando-se, na verdade, em situação anômala, constituindo-se instituição autônoma (art. 127, § 1º, CF). Topologicamente, ele se situa entre as funções essenciais à Justiça, sendo a seguinte a sua estrutura:

ESTRUTURA DO MINISTÉRIO PÚBLICO (MP) – art. 128, CF	
Ministério Público da União (MPU)	*Ministério Público Federal* (MPF)
	Ministério Público do Trabalho (MPT)
	Ministério Público Militar (MPM)
	Ministério Público do Distrito Federal e Territórios (MPDFT)
Ministério Público dos Estados (MPE)	Composto de Promotores e Procuradores de Justiça estaduais

A CF assegurou ao MP a unidade, a indivisibilidade e a independência (art. 127, § 1º), além das garantias e vedações constitucionais dos magistrados, exceto no que diz respeito à elegibilidade (art. 128, § 5º, I, CF).

O MPU "tem por chefe o Procurador-Geral da República, nomeado pelo Presidente da República dentre integrantes da carreira, maiores de trinta e cinco anos, após a aprovação de seu nome pela maioria absoluta dos membros do Senado Federal, para mandato de dois anos, permitida a recondução" (art. 128, § 1º, CF). A destituição do Procurador-Geral da República, por iniciativa do Presidente da República, deverá ser precedida de autorização da maioria absoluta do Senado Federal. O Procurador-Geral da República atua perante o STF.

Integrante do MPU, o MPT tem uma Procuradoria-Geral, sediada em Brasília, que funciona junto ao TST; e Procuradorias-Regionais, sediadas nos Estados, funcionando junto aos TRTs e que são vinculadas diretamente ao Procurador-Geral do Trabalho.

A forma de ingresso no MPT é por concurso público de provas e títulos (art. 186, LC n. 75/1993), podendo se inscrever bacharéis em Direito com prática forense há, pelo menos, 3 anos, de comprovada idoneidade moral (art. 129, § 3º, CF; e art. 187, LC n. 75/1993). O certame é de âmbito nacional. Após 2 anos de exercício, adquirem a vitaliciedade.

O ingresso inicial na carreira é para o cargo de Procurador do Trabalho. Conforme haja vacância ou criação de cargos nos demais níveis, a promoção será para Procurador Regional do Trabalho e, depois, para Subprocurador-Geral do Trabalho.

Um dos membros da carreira é nomeado pelo Procurador-Geral da República para ser o Procurador-Geral do Trabalho, dentre os nomes da lista tríplice organizada pelos membros do MPT, para um mandato de 2 anos, reconduzível por igual período. Atuará diretamente no TST, podendo designar Subprocurador-Geral do Trabalho para este mister.

Em cada Região, o MPT possui uma Procuradoria Regional do Trabalho (PRT), composta de Procuradores do Trabalho e de Procuradores Regionais do Trabalho, atuando junto aos TRTs correspondentes. Nos TRTs, a função básica da PRT é emitir parecer nos processos e deles recorrer, sempre quando presente interesse público, coletivo ou indisponível. Pode, também, ajuizar ações de competência originária do Tribunal Regional e perante as Varas do Trabalho, inclusive para o resguardo dos princípios da Administração Pública e para a defesa de menores e incapazes, instaurar dissídio coletivo, no caso de greve (Lei n. 7.783/1989, art. 8º), mover ação civil pública (sobretudo nas hipóteses de interesses difusos e coletivos – art. 127, III, CF),[6] bem como o respectivo inquérito civil, e agir, enfim, na defesa da ordem jurídica, do regime democrático e dos interesses sociais e individuais indisponíveis. A ele se aplicam os arts. 740 a 753 da CLT, no que for compatível com a LC n. 75/1993 (Estatuto do Ministério Público da União).

A atuação do MPT é ligada aos órgãos da Justiça do Trabalho, competindo-lhe, basicamente, defender os interesses sociais, tanto os esculpidos na Constituição quanto no ordenamento infraconstitucional, e o interesse público (art. 83, LC n. 75/1993). O aumento da competência da Justiça do Trabalho (EC n. 45/2004) acarretou desdobramentos nas atribuições do MPT, que, agora, pode adotar providências para a defesa de direitos metaindividuais pertinentes às relações de trabalho em geral, e não mais só às relações de emprego. Então, todas as ações previstas no art. 114, CF, podem ser promovidas pelo MPT, dependendo da dimensão dos interesses envolvidos e do caráter público ínsito ao caso.

Como nos demais ramos do MP, os membros do MPT podem requisitar documentos e auxílio de força policial, notificar partes e tes-

---

6. Questões envolvendo: segurança e medicina do trabalho; utilização do trabalho escravo, sem remuneração e com proibição de saída do local; exigência de atestados de esterilização para contratação de mulheres; não-recolhimento de FGTS; e as que envolvam a proteção do direito das minorias étnicas e raciais ao trabalho.

temunhas, instaurar inquéritos civis públicos e procedimentos administrativos em geral para apurar irregularidades no que for de sua alçada, promover ações etc. A legislação impõe sanções ao retardamento ou falta injustificada quanto às requisições do MPT (art. 8º, §§ 2º e 3º, LC n. 75/1993; art. 735, CLT; art. 10 da Lei n. 7.347/1985).

11. Comissões de Conciliação Prévia (CCP) e procedimento básico

"As empresas e os sindicatos podem instituir Comissões de Conciliação Prévia, de composição paritária, com representantes dos empregados e dos empregadores, com a atribuição de tentar conciliar os conflitos individuais do trabalho" (art. 625-A, CLT).

As CCPs não compõem o Judiciário. São órgãos despersonalizados, de cunho privado, colegiados, compostos de representantes dos empregados e dos empregadores, podendo ser organizados por *empresa* ou por *sindicato*, bem como *por grupos de empresas* ou em caráter *intersindical*. A atribuição conciliatória é a mesma nos dois tipos de Comissão, que se diferenciam no campo de atuação. A dos *sindicatos* alcançará todos os trabalhadores pertencentes à categoria, ou às categorias (se for *intersindical*); a *por empresa* ou *grupo de empresas* não poderá conhecer de litígios envolvendo empregados de outras empresas ou de empresas estranhas ao grupo.

Sob a modalidade *por empresa,* a CCP terá, no mínimo, dois e, no máximo, dez membros, mantida a paridade entre empregado e empregador. Os representantes da empresa serão indicados pelo empregador; e os dos empregados, pelos trabalhadores, mediante eleição, em escrutínio secreto, fiscalizado pelo sindicato da categoria profissional. O número de suplentes na Comissão será igual ao dos titulares, todos para mandato de 1 ano, permitida uma recondução.

O art. 625-B, § 1º, CLT, assegura estabilidade aos representantes dos empregados membros da Comissão, "titulares e suplentes, até um ano após o final do mandato, salvo se cometerem falta grave, nos termos da lei". Falta grave é a prática de qualquer dos fatos a que se refere o art. 482 (justa causa), "quando por sua repetição ou natureza representem séria violação dos deveres e obrigações do empregado" (art. 493, CLT). Há, aí, por semelhança à garantia no emprego do representante sindical, a necessidade de ajuizamento de Inquérito Judicial para Apuração de Falta Grave movida pelo empregador contra o empregado estável, a fim de poder despedi-lo.

O representante dos empregados continuará trabalhando normalmente na empresa, afastando-se de suas atividades apenas quando convocado para atuar como conciliador, não podendo sofrer desconto salarial nesses dias (interrupção do contrato de trabalho).

"A Comissão instituída no âmbito do sindicato terá sua constituição e normas de funcionamento definidas em convenção ou acordo coletivo" (art. 625-C, CLT). Constituída a Comissão, os seus membros elaborarão o regulamento interno, dispondo sobre o local, o modo de funcionamento e o processamento da demanda administrativa. A instituição das Comissões é facultativa, pois a lei usa o verbo *poder* ("... as empresas e os sindicatos podem instituir ..." – art. 625-A, CLT).

A CLT (art. 625-D) impõe como condição ao ajuizamento de ação judicial na Justiça do Trabalho a prévia submissão do litígio à CCP. Assim, o interessado, empregado ou empregador, no curso ou depois da relação de emprego, não pode reclamar de logo ao Judiciário Trabalhista. Urge, antes, esgotar a instância prévia, onde será tentada a conciliação. Este, pois, o papel das CCPs: apenas tentar a conciliação. Não há instrução, produção de prova ou qualquer outra delonga.

Caso exista, na mesma localidade e para a mesma categoria, Comissão de empresa e Comissão sindical, o interessado optará por uma delas para submeter a sua demanda administrativa, sendo competente aquela que primeiro conhecer do pedido. Esta modalidade de *prevenção* concretiza-se da mesma forma como no processo do trabalho: com a simples protocolização do pedido no setor competente.

O prazo prescricional ficará suspenso a partir da provocação da CCP, recomeçando a fluir, pelo que lhe resta, a partir da tentativa frustrada de conciliação ou do esgotamento do prazo de 10 dias, exigido pelo art. 625-F, CLT, para realização da sessão (art. 625-G, CLT). A continuação da fluição prescricional é automática, independendo, portanto, de qualquer outro ato ou notificação.

A demanda administrativa será formulada por escrito ou reduzida a termo por qualquer dos membros da Comissão (ou por setor próprio), sendo entregue cópia datada e assinada aos interessados. A partir daí, a Comissão tem o prazo de 10 dias para realizar a sessão, na qual tentará a conciliação. O comparecimento do notificado ou do demandante não é obrigatório, resultando da ausência tão-só a frustração do acordo. O acompanhamento por advogado é facultativo, mas se o interessado o levar consigo não poderá a assistência advocatícia ser obstada (art. 7º, VI, *a,* Lei n. 8.906/1994).

O notificado pode comparecer pessoalmente ou fazer-se substituir pelo gerente ou pelo preposto, nos mesmos moldes do processo trabalhista.

Não prosperando a conciliação, será fornecida ao empregado e ao empregador declaração do insucesso do acordo, com a descrição do objeto da demanda, firmada pelos membros da Comissão, que deverá ser juntada à eventual reclamação trabalhista (art. 625-D, § 2º, CLT). Esta declaração será fornecida também no caso de a sessão não se realizar no prazo de 10 dias do peticionamento à comissão.

Havendo acordo, lavrar-se-á termo assinado pelo empregado, pelo empregador ou seu preposto e pelos membros da Comissão, fornecendo-se cópia às partes, que será título executivo extrajudicial.

Frustrada a conciliação, o interessado poderá demandar a Justiça do Trabalho, apresentando ao juízo a prova de ter submetido previamente a matéria à Comissão. Se o documento comprobatório não acompanhar a inicial, o magistrado abrirá prazo para a juntada devida, sob pena de extinção do processo sem julgamento do mérito (art. 284, CPC; Enunciados ns. 107, 263 e 299-TST). Após a juntada, a reclamação retomará seu curso. Não havendo a juntada, o processo será extinto.

O § 3º do art. 625-D, CLT, excepciona a obrigatoriedade de o interessado submeter sua questão previamente à CCP, autorizando seja ajuizada reclamação trabalhista diretamente na Justiça do Trabalho. Isto ocorrerá: nos casos em que for preciso um provimento de urgência (tutela antecipada, liminar, cautelar); quando a matéria for indisponível; se disser respeito a interesse público ou estatal; ou quando o tipo de ação não for adequado à conciliação (p. ex.: mandado de segurança, ação civil pública, ação declaratória, anulatória ou rescisória).

Em tais circunstâncias, deverá o autor expor, na petição inicial, o motivo relevante que o impediu (ou impede) de submeter a questão previamente à Comissão. Incumbe ao juiz verificar a justeza ou não do motivo. Se positivo, a ação terá o seu curso normal; caso contrário, deverá extinguir o feito sem julgamento do mérito.

Somente os direitos patrimoniais e disponíveis poderão ser submetidos à CCP, porquanto apenas eles são passíveis de transação ou negociação, nos termos do CC: "Art. 841. Só quanto a direitos patrimoniais de caráter privado se permite a transação".

O termo de conciliação "terá eficácia liberatória geral, exceto quanto às parcelas expressamente ressalvadas" (art. 625-E, par. ún., CLT). É a chamada *quitação geral*, de *todo o objeto da demanda e do contrato de trabalho*.

Capítulo II
PRINCÍPIOS, SINGULARIDADES E SUPLETIVIDADE NO PROCESSO DO TRABALHO

1. Apresentação topológica do Direito Processual do Trabalho. 2. Princípios singulares do processo do trabalho. 3. Supletividade do processo comum.

1. Apresentação topológica do Direito Processual do Trabalho

A CLT trata do processo do trabalho nos arts. 763 a 910 (Título X – *Do Processo Judiciário do Trabalho*). Além dela, outras normas cuidam do assunto, valendo citar o Dec.-lei n. 779/1969 (prerrogativas da Fazenda Pública perante a Justiça do Trabalho); a Lei n. 7.701/1988 (especialização de Turmas nos Tribunais do Trabalho); a Lei n. 5.584/1970 (rito sumário, prova pericial e assistência judiciária gratuita); a Lei n. 8.984/1995 (competência da Justiça Obreira para dirimir lides oriundas de acordos ou convenção coletiva) etc.

A CLT deixa claro o princípio da conciliabilidade em qualquer fase (art. 764), a ampla liberdade do juiz na condução do processo (art. 765), a eqüidade orientadora da atuação judicial (art. 766), o momento para se argüir retenção e compensação (art. 767), a preferência nas causas em que a empresa estiver em estado falimentar (art. 768) e a supletividade do processo comum ao processo do trabalho (art. 769).

Há outros dispositivos espalhados na CLT, que possuem natureza de princípio do processo trabalhista e/ou constituem uma de suas pilastras. É o caso do paráagrafo único do art. 652: "Terão preferência para julgamento os dissídios sobre pagamento de salário e aqueles que derivarem da falência do empregador, podendo o Presidente da Junta (hoje, o Juiz da Vara, cf. EC 24/1999), a pedido do interessado, constituir processo em separado, sempre que a reclamação também versar sobre outros assuntos".

Também, os arts. 729 a 735, que tratam de sanções processuais (*perempção*) e outras conseqüências pelo inatendimento a requisições do Juiz do Trabalho ou do Procurador do Trabalho.

Bem ainda, a disposição do art. 467, CLT, vazado literalmente assim: "Em caso de rescisão de contrato de trabalho, havendo controvérsia sobre o montante das verbas rescisórias, o empregador é obrigado a pagar ao trabalhador, à data do comparecimento à Justiça do Trabalho, a parte incontroversa dessas verbas, sob pena de pagá-las acrescidas de cinqüenta por cento".

2. Princípios singulares do processo do trabalho

Os princípios são importantes porque forjam a base jurídica do Direito e lhe conferem o caráter sistemático, expressando-lhe a essência e fulminando as incoerências. A doutrina majoritária consigna os seguintes princípios do processo do trabalho:

a) Princípio da oralidade – Comparativamente ao processo civil, é notória a prevalência de atos verbais no processo trabalhista. Com efeito, tanto a reclamação (= ação) trabalhista como a contestação podem ser verbais, sendo relevante a prova e os debates orais. Mesmo as razões finais podem ser apresentadas verbalmente, em audiência.

b) Princípio da citação automática e inexistência do despacho saneador – No processo do trabalho, a notificação inicial (citação) é feita automaticamente pela Secretaria da Vara do Trabalho, inexistindo apreciação preambular pelo juiz, que não lança o *despacho saneador.*

c) Princípio da concentração – Colimando maior celeridade, esta peculiaridade procura simplificar os atos processuais, seja na não suspensão do feito ante a impugnação do valor da causa, seja na irrecorribilidade dos processos de alçada (Lei n. 5.584/1970), ou, ainda, no rito sumaríssimo (art. 852-A, CLT).

d) Princípio da eventualidade – Autor e réu devem exaurir, na primeira oportunidade (na inicial e na contestação, sobremaneira), tudo a respeito da reclamação, pedindo, respondendo, provando.

e) Princípio da irrecorribilidade das decisões interlocutórias – Ao contrário do processo civil, no trabalhista não há o agravo de instrumento como recurso para impugnar as decisões interlocutórias, pois estas só podem ser combatidas quando da decisão final, na ocasião do recurso pertinente, em regra o ordinário (art. 799, § 2º, CLT).

f) Princípio da conciliabilidade – É obrigatória a tentativa de conciliação entre as partes na primeira audiência (antes da defesa) e após as razões finais (antes do julgamento) – arts. 764 e § 1º, 831, 850 e 860, CLT. Além disso, a qualquer tempo, as partes podem se conciliar (art. 764, § 3º, CLT).

g) Princípio do reduzido número de testemunhas – O número máximo de testemunhas permitido é de 3 para cada parte, salvo no inquérito judicial para apuração de falta grave, quando este número sobe para até 6 (seis). No rito sumaríssimo, este número cai para 2 por parte.

h) Princípio do efeito não suspensivo dos recursos – Geralmente, os recursos trabalhistas só têm efeito devolutivo, permitindo-se a execução provisória até a penhora (art. 899, CLT).

i) Princípio do arquivamento da ação pelo não comparecimento do reclamante à primeira audiência – O não comparecimento do reclamante (autor) à primeira audiência ocasiona mero arquivamento da reclamação, a qual pode, portanto, ser renovada, reproposta.

j) Princípio da inversão do ônus probatório – Nem sempre o ônus de provar incumbe a quem alega, mas, sim, a quem tem condições de apresentar a prova (o empregador). Daí, a justa causa pretensamente cometida pelo empregado e a não configuração da relação de emprego, quando existente o trabalho, devem ser provadas pelo empregador.

k) Princípio do jus postulandi das partes – A parte pode, pessoalmente, postular em juízo, independentemente de advogado (arts. 791 e 839, CLT). Apesar do contido no art. 133, CF, a jurisprudência, inclusive do TST, firmou-se no sentido da permanência do princípio.

l) Princípio do poder normativo – Os tribunais do trabalho (TRTs e TST) possuem poder de apreciar demandas coletivas, de interesse das categorias de empregados e empregadores, podendo criar normas trabalhistas (EC n. 45/2004), por meio da *sentença normativa*.

m) Princípio da ultrapetição – Alguns títulos já são impostos pela legislação, não havendo necessidade de o trabalhador postulá-los expressamente. A maioria é dependente e conseqüente de um pedido principal. Assim, colhem-se os seguintes exemplos da CLT: art. 467 (pagamento de verbas incontroversas na primeira audiência), art. 496 (conversão de reintegração em indenização), art. 39 (anotação de CTPS), férias em dobro, contribuições previdenciárias, notificações à DRT, honorários advocatícios, correção monetária. O princípio é aplicado, sobretudo, quando o autor estiver agindo no seu *jus postulandi*.

Ademais, os princípios (e as regras) que disciplinam o processo em geral (do duplo grau de jurisdição, da livre convicção do juiz com base na prova, da publicidade, do devido processo legal, do amplo direito de defesa, do procedimento adequado etc.) são aplicáveis ao processo do trabalho, conquanto muitas vezes sofram adaptações a fim de atender à processualística apropriada. E, com maior razão, são invocáveis os princípios e garantias insculpidos na Constituição Federal, porquanto é desta que irradiam as normas básicas de todo o ordenamento jurídico.

3. Supletividade do processo comum

O Direito Processual do Trabalho não se resume à CLT. Além dela, há outras normas como as leis sobre a organização e competência da Justiça do Trabalho, a lei do rito sumário e as normas sobre as prerrogativas da Fazenda Pública (Dec.-lei n. 779/1969) e do MPT (LC n. 79/1993). Sobre procedimento, é de se invocar os regimentos internos e provimentos administrativos dos tribunais, as resoluções administrativas do TST e das Corregedorias do Trabalho. Porém, ainda assim, é possível que haja lacuna na legislação processual.

"Nos casos omissos, o direito processual comum será fonte subsidiária do direito processual do trabalho, exceto naquilo em que for incompatível com as normas deste título" (art. 769, CLT).

Direito processual comum, para a CLT, é todo e qualquer ramo do Direito Processual não-especializado nem penal. Incluem-se, aí, o CPC e sua legislação complementar, o CDC, as Leis do Mandado de Segurança, dos Juizados Especiais Cíveis, da Ação Civil Pública, do *Habeas Data*, da Impenhorabilidade do Bem de Família, da lei que trata da expedição de certidões para a defesa de direitos e esclarecimentos de situações (Lei n. 9.051/1995) etc.

Outrossim, não basta o processo do trabalho ser lacunoso. Cabe à norma do processo comum, para ser apta à supletividade daquele, ser compatível com o seu espírito e os seus preceitos. Sendo mais simplificado e célere, o processo do trabalho rejeita a austeridade do processo comum. Se não houver uma perfeita simetria, mas o instituto a ser trasladado não ofender os princípios do processo do trabalho, em sua essência, então deverá o intérprete amoldá-lo ao rito trabalhista, em busca da compatibilidade procedimental.

Capítulo III
DA DISTRIBUIÇÃO

Quando, na mesma localidade, houver mais de um órgão judiciário com igual competência para dirimir o conflito, torna-se necessário distribuir previamente a ação. A *distribuição* é o meio de se definir o órgão judiciário competente, quando existir mais de um na localidade com as mesmas atribuições. A *distribuição fixa a competência*, equilibrando o número de ações nos juízos, e é realizada pela ordem rigorosa de apresentação da reclamação ao distribuidor, onde houver (art. 783, CLT). Se esta for verbal, será distribuída antes de sua redução a termo, para o que deve o reclamante, salvo motivo de força maior, apresentar-se, no prazo de 5 dias, ao Cartório ou à Secretaria, sob pena de perder o direito de demandar na Justiça do Trabalho por 6 meses (perempção – art. 731, CLT).

Surgindo erro na distribuição, o próprio distribuidor poderá compensar na remessa da ação seguinte, se não houver oposição nem prejuízo às partes; o Juiz ou o Corregedor podem determinar a devida retificação; ou, ainda, a parte poderá alegar a incompetência do juízo, apresentando duas testemunhas presentes à distribuição viciada, indicando para qual Vara a ação deveria ter sido distribuída.

A *distribuição por dependência* ocorre nos casos de conexão e continência com outra já ajuizada (art. 253, CPC) e quando a lei o determinar. As ações são *conexas* se tiverem a mesma causa de pedir ou o mesmo objeto (art. 103, CPC); *continentes*, se apresentarem identidade de partes e de causa de pedir, mas o objeto de uma, por ser mais amplo, abranger o das outras (art. 104, CPC). Havendo desistência da ação, a sua reiteração ensejará a distribuição por dependência, mesmo que em litisconsórcio com novos autores.

O distribuidor não pode, por si só, remeter a ação conexa ou continente ao juiz, porque a distribuição segue uma ordem obrigatória preestabelecida, não gozando aquele da prerrogativa de outorgar competência a determinado juízo. Urge, dessarte, a participação do juiz, que lhe mandará proceder à correção, ordenando, ainda, mediante despacho, a citação do réu.

Se o pedido de distribuição por dependência for formulado diretamente ao juiz da Vara à qual está submetida a primeira reclamação e se for ele deferido, deve-se remeter os autos ao distribuidor, para formalizá-la.

Na dependência, ao menos uma ação já se encontra em curso. Com a *prevenção* do juízo, a atrair para a sua alçada as demais ações conexas ou continentes, não mais existirão vários juízos competentes.

Distribuída a reclamação, será ela remetida ao juiz ou à Vara competente com o respectivo bilhete de distribuição, sendo entregue ao interessado recibo, contendo o nome do reclamante e do reclamado, a data da distribuição e da audiência, o objeto da reclamatória e o órgão a quem coube a ação, cujo registro será efetuado em livro próprio (ou por meio mecânico). Isto é importante, em especial, para a definição do momento da interrupção da prescrição que se caracteriza pelo simples protocolamento da petição, haja ou não desistência ou arquivamento. Inaplicável o art. 106, CPC, quando se exige o despacho citatório do juiz para que este seja considerado prevento. De fato, já o vimos, no processo trabalhista inexiste o despacho de citação pelo juiz, pois a notificação inicial é feita *ex officio* pela própria Secretaria da Vara.

Nas localidades onde houver mais de um Juízo de Direito, no exercício da jurisdição trabalhista, a competência é determinada entre os juízes do cível, por distribuição ou pela divisão judiciária local, na conformidade da lei de organização respectiva. Quando o critério de competência da lei de organização judiciária for diverso, será competente o juiz do cível mais antigo (art. 669 e parágrafos, da CLT).

Aplica-se à Justiça do Trabalho o disposto no art. 93, XV, CF (redação dada pela EC n. 45/2004), segundo o qual "a distribuição de processos será imediata, em todos os graus de jurisdição". Desta forma, não mais se coaduna com o sistema constitucional a distribuição de processos somente em alguns dias determinados da semana. Todos devem ser distribuídos à medida que forem chegando ao órgão jurisdicional.

Capítulo IV
DAS CUSTAS

1. Definição, ônus e oportunidade de pagamento das custas processuais. 2. Base de cálculo das custas.

1. Definição, ônus e oportunidade de pagamento das custas processuais

Os gastos realizados em juízo (custas, honorários, condução, taxas, etc.), *com* e *para* o processo, denominam-se despesas processuais e são pagas ao Estado, a seus funcionários e às partes, dependendo de sua natureza. As custas referem-se à movimentação dos feitos em geral, taxados por lei, e têm significado mais restrito que despesas (art. 20, § 2º, CPC), sendo por estas abrangidas. Também não se há de confundi-las com as multas, pois estas são sanções, *penalidades*, ao contrário dos dois institutos acima mencionados. Diferente, por seu turno, é o depósito recursal, assim entendida a quantia que o empregador recorrente deve depositar em juízo para poder interpor o apelo, segundo os critérios estabelecidos pelo art. 899, §§ 1º e 2º, CLT. A natureza do depósito é de *garantia do juízo*, não tendo por finalidade custear a atividade jurisdicional do Estado.

No processo trabalhista, diferentemente do comum, o pagamento das custas é feito no final, pelo vencido, após o trânsito em julgado da decisão, ou, no caso de recurso, serão pagas e terão seu recolhimento comprovado dentro do prazo recursal. A forma de pagamento das custas, à razão de 2%, e dos emolumentos obedecerá às instruções expedidas pelo TST (IN n. 20/2002, redação da RA 902/2002), que admite, inclusive, a transferência eletrônica de fundos.

Se o reclamante tiver qualquer de suas parcelas acolhida, embora improcedentes as outras postuladas, não pagará as despesas, que, então, serão de incumbência do reclamado. Em sentido oposto, o CPC ordena o pagamento proporcional, com as compensações devidas (art. 21). Se o vencido reverter integralmente sua condição, a outra parte deverá reembolsá-lo das custas, salvo se beneficiário da justiça gratuita.

Havendo conciliação, as custas recairão em parcelas iguais aos litigantes, exceto se convencionarem de outra forma (art. 789, § 3º, CLT).

Os juízes ou Presidentes dos Tribunais de qualquer instância podem conceder o benefício da justiça gratuita, *ex officio*, a quem perceber salário igual ou inferior a dois salários mínimos ou que declarar, sob as penas da lei, seu estado de miserabilidade. Na realidade, na grande maioria das vezes quem demanda na Justiça do Trabalho encontra-se desempregado.

Nos dissídios coletivos, os vencidos responderão solidariamente pelas custas, calculadas sobre o valor arbitrado na decisão ou pelo Presidente do Tribunal. Também responderá solidariamente o sindicato que houver intervindo no processo pelo empregado não beneficiado pela justiça gratuita (art. 790, § 1º, CLT).

Estão isentos do pagamento das custas, além dos beneficiários da justiça gratuita: I – a União, os Estados, o Distrito Federal, os Municípios e respectivas autarquias e fundações públicas federais, estaduais ou municipais que não explorem atividade econômica; II – o MPT (art. 790-A, CLT). As pessoas referidas no inciso I não estão isentas da obrigação de reembolsarem as despesas desembolsadas pelo vencedor. A novidade trazida pela Lei n. 10.537/2002 à CLT, é que a massa falida, as empresas em concordata ou liquidação judicial, e as entidades de fiscalização profissional (OAB, CRM, CREA etc.) não estão isentas do pagamento das custas.

Na jurisdição voluntária não há custas.

2. *Base de cálculo das custas*

O valor das custas baseia-se no valor da conciliação, em casos de acordo; sobre o valor da causa, em se tratando de arquivamento, improcedência da ação, abandono de causa e desistência; sobre o valor da condenação, em sentença condenatória, parcial ou total; sobre o valor do pedido, quando acolhido na decisão final; no valor arbitrado pelo juiz, nas demais hipóteses.

O critério de cálculo para pagamento das custas está explicitado no art. 789, CLT, sendo de 2% sobre o valor resultante de uma das bases de cálculo acima, conforme o caso, a ser recolhido aos cofres da União, através de formulário próprio, no banco oficial.

A propósito da gratuidade processual, vide tópico próprio.

Capítulo V
DISSÍDIOS INDIVIDUAIS: GENERALIDADES

1. Noção e espécies de dissídios individuais: singular e plúrimo. 2. Dissídios individuais: 2.1 Dissídio individual comum; 2.2 Dissídios individuais especiais. 3. Das partes e dos procuradores. 4. Arquivamento e revelia. 5. O preposto e o outro empregado. 6. Justiça gratuita e honorários advocatícios. 7. O rito das ações surgidas pela nova competência da Justiça do Trabalho.

1. Noção e espécies de dissídios individuais: singular e plúrimo[1]

A CLT coloca numa dicotomia os *dissídios individuais* (arts. 837-855) e os *dissídios coletivos* (arts. 856 a 875).

Como veremos no Capítulo 11, adiante, o *dissídio coletivo* é a atividade desenvolvida pela Justiça do Trabalho visando a pôr fim ao conflito coletivo de trabalho. No dissídio coletivo não há pessoas individualmente consideradas, mas grupos, coletividades, categorias. E a competência para dirimi-los é do TRT ou do TST (conforme a dimensão do conflito), não das Varas.

Já, os *dissídios individuais*, comumente denominados de *ações*, *reclamações trabalhistas* ou *dissídios trabalhistas,* são lides cujas partes não são categorias, grupos sociais, mas pessoas singularmente consideradas, podendo ser *simples* ou *plúrimos*. O dissídio individual *simples*, ou *singular*, como é corriqueiramente chamado, sucede quando apenas uma pessoa (autora) move o processo, mesmo que, no outro pólo da relação processual, encontrem-se vários réus. O *plúrimo*

---

1. Para um estudo mais aprofundado, v. de nossa autoria: *Direito Processual do Trabalho.*

ocorre quando a pluralidade é dos autores, com pedido comum, independentemente do número de réus. Mesmo no *plúrimo*, a sentença proferida pela Vara tem efeitos concretos, alcançará apenas cada uma das pessoas enumeradas e qualificadas na petição inicial, vez que foram especificadas e, os interesses, defendidos em nome próprio.

Os dissídios individuais não se referem exclusivamente às relações de emprego, mas, também, a outras relações de trabalho, como as lides do empreiteiro operário (artífice) e dos avulsos. A competência da Justiça do Trabalho foi elasticida com a EC n. 45/2004, para incluir na sua alçada as lides sobre relação de trabalho em geral, subordinado ou não.

Os *dissídios individuais* dividem-se em *comum* e *especiais,* de acordo com o tipo de *procedimento.*

2. Dissídios individuais

2.1 Dissídio individual comum

Também chamado de *ordinário*, o dissídio individual comum é aquele que segue um rito processual geral, com as seguintes fases: *postulatória* (reclamação, notificação, audiência inicial, tentativa de conciliação e defesa), *instrutória* (produção de provas, por ambas as partes), *alegações finais, nova tentativa de conciliaçã, decisão, recursos* e *execução* (na prática, a audiência tem sido fracionada em sessões). O número de testemunhas é de até três para cada parte; a recorribilidade é mais ampla do que nos ritos sumário e sumaríssimo; as custas são pagas ao final; admite-se a citação por edital; a sentença possui todos os elementos historicamente consagrados e indispensáveis (relatório, fundamentação e dispositivo); na ata da audiência, constará o registro integral dos depoimentos prestados etc.

Trata-se, portanto, do rito padrão, básico, que serve de norte para os demais, subsidiariamente, porquanto seus regramentos fundamentais serão aplicados a eles, exceto quando tiverem determinações específicas.

2.2 Dissídios individuais especiais

a) Rito sumaríssimo – É o rito adotado nas reclamações cujo valor da causa seja de até 40 salários mínimos (arts. 852-A a 852-I,

CLT). São suas características: pedido líquido, determinado; não admite citação por edital; 15 dias para encerramento; audiência única; número de testemunhas de duas para cada parte; concentração dos atos processuais; sentença sem relatório; simplificação na fase recursal.

b) Rito sumário (Lei n. 5.584/1970, chamado *processo de alçada da Vara*) – Cabe quando o valor da causa for de até dois salários mínimos e se caracteriza pela simplificação dos atos, pela oralidade e pela irrecorribilidade das decisões, salvo se se tratar de matéria constitucional. A ata não conterá o resumo dos depoimentos, mas apenas a conclusão da matéria de fato. Não foi revogado completamente pelo rito sumaríssimo.

c) Inquérito judicial para apuração de falta grave – Determinados empregados estáveis só podem ser despedidos mediante autorização da Justiça do Trabalho. Para tanto, o empregador precisa instaurar, por escrito, inquérito judicial com este fim, colimando provar o cometimento de falta grave, podendo apresentar até seis testemunhas. Em caso de trabalhador suspenso, o empregador terá o prazo decadencial de 30 dias para a instauração do inquérito.

d) Ações comuns e especiais do Processo Civil – Outras ações do CPC, ainda, como algumas dos procedimentos especiais (p. ex.: consignação em pagamento, ação monitória, ação de depósito), encontram guarida no processo do trabalho, em virtude de não terem sido vedadas pelo estatuto laboral. Desta sorte, fundando-se em causa trabalhista, isto é, decorrente da relação de trabalho, serão passíveis de ajuizamento na Justiça do Trabalho. O rito processual será o do processo do trabalho, *mutatis mutandis*. Na mesma vertente, há ações comuns do processo civil que podem ser ajuizadas na Justiça do Trabalho, quando a causa tiver origem na relação de trabalho (p. ex.: ação por reparação de danos morais e materiais).

e) Ações constitucionais – As ações previstas pela CF, destinadas a proteger interesses constitucionais específicos, têm aplicação no processo do trabalho, desde que possuam origem na relação de trabalho ou em ato de autoridade judiciária do trabalho. Exemplifica-se com o mandado de segurança, o mandado de injunção, o *habeas data* e a ação popular (art. 114, IV, CF, redação dada pela EC n. 45/2004). O rito a ser obedecido será o da legislação específica, salvo se apresentar algum ponto incompatível com o procedimento trabalhista, quando, então, será necessário adequá-lo (ao mínimo).

f) Atos de jurisdição voluntária (homologações) – Conformando a chamada *jurisdição voluntária*, tais atos cabem na Justiça do Trabalho também. Tem-se exemplificado como jurisdição voluntária o pedido de homologação de opção retroativa pelo FGTS (Lei n. 8.036/1990, art. 14).²

g) Ações e medidas cautelares – A CLT silenciou a respeito das cautelares, motivo por que as do CPC, sempre que compatíveis com a sistemática e o espírito da legislação processual do trabalho, são aplicadas ao processo trabalhista. A causa há de ser laboral e o rito cautelar sofrerá uma *adequação* à sistemática do processo do trabalho.

A CLT trata, ainda, da execução, conferindo-lhe rito diverso do processo de conhecimento e do cautelar, em virtude do seu objeto e do fim a que se destina (arts. 876 a 892).

No art. 872, a CLT cuida da *ação de cumprimento,* que tem conteúdo executório, mas com rito assemelhado ao do processo de conhecimento. Nesta hibridez, é vedado questionar-se sobre a matéria de fato e de direito já apreciada na sentença normativa ou no negócio coletivo, cujo cumprimento se demande judicialmente perante a parte que não a venha observando.

3. Das partes e dos procuradores

O juiz não é *parte*, está acima delas; ele é supra partes. *Partes* são o autor e o réu, o reclamante e o reclamado, que se apresentam como possuidores do direito. Um, afirma-se titular ou defensor do interesse lesionado ou ameaçado de lesão; o outro, é apontado como o ofensor ou o que ameaça de lesão dito interesse. Essa idéia de sujeitos processuais, figurando nos pólos ativo e passivo da ação, traduz o alcance formal da definição de *partes*. No sentido processual, só é parte quem figurar no processo, na postulação ou na resistência de interesses.

A *capacidade de ser parte* consiste em ser sujeito de direitos e obrigações. Todas as pessoas, físicas ou jurídicas, menores ou não, possuem-na.

---

2. Os atos de jurisdição voluntária não são *processo*, são só *procedimento*. Não têm partes nem litígio. Normalmente, findam com um ato judicial bastante por si só para surtir efeitos (sem precisar de processo de execução) ou com a expedição de alvará.

Já a *capacidade de estar em juízo*, ou a *capacidade processual* (*legitimatio ad processum*), é a capacidade de exercício ou de fato, da qual são desprovidos os absolutamente incapazes (menores de 16 anos, os que não possuem discernimento para a prática de determinados atos ou os que não possam exprimir sua vontade – art. 3º, CC) que devem ser representados. A capacidade plena trabalhista se inicia aos 18 anos, dispensando assistência de responsável legal (art. 792, CLT).

A *legitimatio ad causam* (legitimidade para agir: condição da ação) não se confunde com a legitimação formal, também chamada *ad processum* ou capacidade para estar em juízo (pressuposto processual).

A *capacidade jurídica*, da qual se dessume a capacidade de gozo, consistente esta na qualidade de todo homem ser capaz de direitos e obrigações (regulada pelo art. 2º, CC), é decorrência da personalidade jurídica, e, na órbita processual recebe o nome de *capacidade de ser parte*. Assim, mesmo os absolutamente incapazes (como os menores de 16 anos – art. 3º, CC) são portadores dessa capacidade, porquanto detêm direitos e obrigações. Contudo, nem todos possuem a *capacidade de exercício ou de fato*, necessitando de representantes legais para efetivar os direitos e as obrigações. Desta forma, os menores de 16 anos possuem a *capacidade de ser parte,* mas não a *capacidade de estar em juízo,* pois não podem exercer os direitos e deveres processuais por si próprios.

Só excepcionalmente a lei processual confere *capacidade para estar em juízo* a organismos despersonalizados, valendo citar a massa falida, a herança jacente, o espólio, o condomínio (art. 12, CPC) e o Ministério Público (arts. 127 e 129, CF; LC n. 75/1993 e Lei n. 8.625/1993).

A *capacidade de postular em juízo* é privativa do advogado, profissional versado em Direito e habilitado pela OAB. A CLT (arts. 791 e 839), a exemplo de algumas outras normas esparsas, acolhe o primado do *jus postulandi* das partes, tornando possível a demanda trabalhista sem a assistência advocatícia.

O advogado não é *parte* (exceto quando age em causa própria). Ele é o profissional habilitado a veicular ao juiz, de modo técnico, a pretensão de seu constituinte ou a defendê-lo. Afinal, não é o fato de alguém acompanhar um doente ao médico que o torna igualmente paciente.

Quando o causídico defende seu constituinte em juízo, pelo qual e em nome do qual postula e age, ele o está representando. Para isso, carece de instrumento procuratório com cláusula *ad judicia* que lhe conceda tais poderes (v. art. 38, CPC). Isto é resultado da capacidade postulatória, de que só o profissional do direito, inscrito na OAB, é provido. É a *representação propriamente processual*.

Outra hipótese de representação no processo é a dos absolutamente incapazes, que deverão estar em juízo por seus representantes (pai, tutor etc.), por não possuírem capacidade processual. É a *representação legal*, pois é imposta pela própria lei.

Terceira hipótese é a *representação convencional*, mediante a qual a parte, embora possua capacidade plena, exerce seus direitos e obrigações por mandatários, a estes outorgando a devida procuração.

Nos três casos, a parte continua sendo o representado, em nome do qual o representante, de posse do mandato ou da autorização legal, age e pratica os atos processuais.

A *substituição processual*, ao contrário, não carece de mandato e, embora o substituído seja a parte (em sentido *material*, apenas), o substituto pede em nome próprio o direito daquele, embora em benefício do titular, por ele praticando todos os atos processuais. *Ex vi* do art. 6º, CPC, só é permitida quando a lei for expressa em admiti-la.

Desde que tenha pertinência com a relação de trabalho, pode o sindicato tanto *representar* como *substituir* a categoria ou qualquer de seus membros, associados ou não, em qualquer caso (e não mais só nas ações de cumprimento, reivindicação de adicionais de insalubridade e periculosidade e diferenças decorrentes de reajustes salariais da categoria), por força da Lei n. 8.073/1990, cujo art. 3º dispõe: "As entidades sindicais poderão atuar como substitutos processuais dos integrantes da categoria". O fundamento maior, na verdade, está no art. 8º, III, CF ("ao sindicato cabe a defesa dos direitos e interesses coletivos ou individuais da categoria, inclusive em questões judiciais ou administrativas"). Ao se reportarem a *categoria* (CF) e a *integrantes da categoria* (Lei n. 8.073/1990), as normas laborais têm o escopo de autorizar a sobredita substituição pelo sindicato, não só de seus associados como dos obreiros não associados – mas membros da categoria. Tanto o STF entendeu dessa mesma maneira, que, no ano de 2003, o TST cancelou o seu Enunciado n. 310, o qual era restritivo.

Ainda neste campo, viceja polêmica quanto à necessidade ou não de o sindicato substituto arrolar nominalmente, qualificando um a um, na peça vestibular, todos os trabalhadores substituídos. Apesar de nossa opinião em contrário, predomina entendimento de que "o rol dos substituídos é documento indispensável à propositura da demanda, devendo instruir a petição inicial, sob pena de indeferimento".[3]

4. Arquivamento e revelia

Mesmo constituindo advogado, é indispensável a presença da parte, pessoalmente, à audiência. A ausência injustificada do reclamante implica *arquivamento* da ação; e a do reclamado, *revelia* e *confissão* quanto à matéria de fato (art. 844, CLT). Normalmente, faltando o reclamado à primeira audiência e não sendo caso de perícia obrigatória, os juízes concluem, logo, pela procedência dos pedidos do autor. Contudo, há de se observar a prova existente nos autos, porquanto a *confissão ficta* não prevalece sobre a prova material produzida.

Só a falta ou irregularidade da citação pode elidir a revelia, atacável no recurso ordinário. Em face da previsão constitucional do direito ao contraditório e à ampla defesa, o vício de citação pode ser argüido até mesmo na fase de execução, nos embargos.

Se uma das partes, tendo comparecido à primeira sessão da audiência, faltar à segunda, aplica-se-lhe a confissão ficta. Se a audiência é única, a segunda sendo, na verdade, a continuação da primeira (art. 849, CLT), a ausência das partes não pode importar revelia nem arquivamento (Enunciado n. 9-TST), eis que, na primeira fase, elas já estiveram presentes. Nestes casos, deve-se aplicar a *confissão ficta* para quem não comparecer. Se o não comparecimento for de ambas as partes, a confissão será mútua, implicando o ônus da prova, beneficiando a outra no que teria de provar – isto é, cada qual se prejudicará no que deveria provar e não o fez.

De toda sorte, havendo nos autos provas documentais que infirmem as alegações de uma ou de ambas as partes ausentes à audiência, o juiz decidirá conforme tais elementos. E, por outro lado, nada

---

3. João Oreste Dalazen. *LTr* 55(10):1.170.

obsta que, apesar da confissão ficta, o juiz colha as provas que entenda necessárias ao esclarecimento da lide (art. 765, CLT).

A seu turno, indispensável é a intimação das partes, expressamente, mesmo na audiência, de que deverão comparecer à audiência para depor, sob pena de confissão (Enunciado n. 74-TST). Só assim poderão ser confessas, caso ausentes.

Como exemplo de ação em que ambas as partes faltaram à instrução, temos:

Pedido inicial	Defesa	Ônus da prova	Conclusão do Juiz
Salários vencidos	pagou	do reclamado	defere-se
Férias (+ 1/3)	concedeu oportunamente	do reclamado	defere-se
Horas extras	não foram prestadas	do reclamante	indefere-se
Adicional noturno	pagou	do reclamado	defere-se
SENTENÇA FINAL			Procedente em parte

No arquivamento, há a possibilidade de renovação da ação, o que não acontece na revelia e na confissão ficta. Se o reclamante causar dois arquivamentos seguidos concernentes à mesma reclamação, perde o direito de reclamar por 6 (seis) meses (art. 732, CLT; art. 268, CPC).

O arquivamento resulta de sentença judicial, ensejando o recurso ordinário para o TRT. O reclamante será condenado a pagar as custas processuais, salvo se beneficiário da justiça gratuita.

5. O preposto e o outro empregado

O empregador pode ser substituído por um preposto que conheça os fatos e cujas alegações obrigam ao preponente – art. 843, § 1º, CLT. São requisitos para a preposição válida: *a)* conhecimento dos fatos; e *b)* condição de empregado da empresa (Precedente Normativo n. 99-SBDI-1/TST). Assim, através de *carta de preposição* (ou *credenciamento*), o empregador pode designar alguém do seu quadro de pessoal para substituí-lo em uma, em várias ou em todas as sessões da audiência. Nada impede que hajam prepostos diversos para as diferentes sessões.

O gerente pode representar a empresa, para os fins do art. 843, § 1º, CLT. Com razão, pois, na realidade, o gerente é empregado da empresa. O preceptivo em tela menciona: "É facultado ao empregador fazer-se substituir pelo gerente, ou qualquer outro preposto (...)".

Da mesma forma, para evitar o arquivamento, se o empregado, por motivo poderoso justificado, não puder comparecer à audiência, pessoalmente, poderá fazer-se representar por outro empregado da mesma profissão ou pelo seu sindicato (art. 843, § 2º, CLT).

O *caput* do art. 843 da CLT permite, ainda, que, nas reclamatórias plúrimas e nas ações de cumprimento, os empregados façam representar-se pelo sindicato de sua categoria.

Em qualquer dos casos, ocorrendo doença súbita que impeça a parte de comparecer à audiência, o atestado médico elide a revelia, o arquivamento ou a confissão, conforme a hipótese, adiando-se a audiência, desde que tal atestado tenha firma reconhecida do médico subscritor (exceto se emitido por médico do INSS, em papel timbrado) e mencione, claramente, a impossibilidade de locomoção do paciente naquele dia e horário, além de especificar o código da doença.

6. Justiça gratuita e honorários advocatícios

No âmbito trabalhista, a assistência judiciária gratuita era regulada pela Lei n. 5.584/1970, que atribuía esta função ao sindicato da categoria do trabalhador. A partir de 2001, o legislador perdeu o norte do processo do trabalho e se atrapalhou na regulamentação da matéria (Lei ns. 10.288/01 e 10.537/02). Pela legislação atual, procurando esclarecer o que o legislador não soube expressar, temos o seguinte: o sindicato não tem mais a exclusiva prerrogativa de assistir ao trabalhador; seu papel, aí, é o de promover a defesa do membro da categoria sempre que lhe for solicitado (Lei n. 5.584/1970, art. 14). Em momento algum fica vedado ao interessado que, ele próprio, demande na Justiça com advogado particular ou no exercício do seu *jus postulandi* e solicite os benefícios da assistência judiciária gratuita.

A assistência é devida a quem perceber salário de até duas vezes o mínimo legal. Mesmo que o salário ultrapasse este limite, se a demanda implicar prejuízo do próprio sustento do trabalhador ou da sua família, assegurado será o benefício. O operário só precisa declarar sua condição econômica, responsabilizando-se, todavia, pelas penalidades legais, quanto à veracidade das afirmações (art. 789-B, § 3º, CLT). Embora a CLT (com a redação dada pela Lei n. 10.537/2002) mencione "é facultado aos juízes" conceder tais benefícios, entenda-se que eles se tratam de direito fundamental, situando-se no plano da indisponibilidade quer por parte do beneficiário, quer por parte do Estado (CF, art. 5º, LXXIV). O benefício da justiça gratuita pode ser requerido em qualquer tempo ou grau de jurisdição, desde que, na fase recursal, seja o requerimento formulado no prazo alusivo ao recurso (OJ n. 269-SBDI-I/TST).

A Lei n. 10.537/2002 aproximou o processo do trabalho da Lei n. 1.060/1950, donde a aplicação da Súmula n. 450-STF: "São devidos os honorários de advogado sempre que vencedor o beneficiário da justiça gratuita".

Lamentavelmente, os Enunciados ns. 219 e 329-TST resistem em negar honorários na Justiça do Trabalho, exceto quando: a) o trabalhador for beneficiário da justiça gratuita; e b) a assistência for prestada pelo sindicato. Eles navegam contra a história, o Estatuto da OAB e o princípio da contraprestação pelos serviços desempenhados por qualquer profissional.

Não vemos nenhum impedimento a que o empregador, mesmo sendo pessoa jurídica, se beneficie da gratuidade processual, especialmente nas relações de emprego doméstico, empregador pessoa física ou microempresas, podendo o benefício ser no todo ou em parte (p. ex., só quanto ao depósito recursal). É preciso, no entanto, que a empresa prove sua hipossuficiência.

O TST, através da Instrução Normativa n. 27/2005, em 16.2.2005 (Resolução 126/2005), reconheceu o cabimento de honorários advocatícios de sucumbência nas lides que não envolvam relação de emprego.

7. *O rito das ações surgidas pela nova competência da Justiça do Trabalho*

Bastante discutida é a aplicação do rito processual a ser observado nas novas ações que serão ajuizadas na Justiça do Trabalho ou a ela encaminhadas pela Justiça Comum. São ações que envolvem matérias civis, administrativas e constitucionais oriundas da relação de trabalho. Por certo, o tema ainda desafiará muita discussão.

O TST editou a Instrução Normativa n. 27, visando a solucionar a celeuma. Dispõe tal Instrução:

"Art. 1º. As ações ajuizadas na Justiça do Trabalho tramitarão pelo rito ordinário ou sumaríssimo, conforme previsto na CLT, excepcionando-se, apenas, as que, por disciplina legal expressa, estejam sujeitas a rito especial, tais como o Mandado de Segurança, "habeas corpus", "habeas data", ação rescisória, ação cautelar e ação de consignação em pagamento.

"Art. 2º. A sistemática recursal a ser observada é a prevista na CLT, inclusive no tocante à nomenclatura, à alçada, aos prazos e às competências.

"Parágrafo único. O depósito recursal a que se refere o art. 899 da CLT é sempre exigível como requisito extrínseco do recurso, quando houver condenação em pecúnia.

"Art. 3º. Aplicam-se quanto às custas as disposições da CLT.

"§ 1º. As custas serão pagas pelo vencido, após o trânsito em julgado da decisão.

"§ 2º. Na hipótese de interposição de recurso, as custas deverão ser pagas e comprovado seu recolhimento no prazo recursal (arts. 789, 789-A, 790 e 790-A, da CLT).

"§ 3º. Salvo nas lides decorrentes da relação de emprego, é aplicável o princípio da sucumbência recíproca, relativamente às custas.

"Art. 4º. Aos emolumentos aplicam-se as regras previstas na CLT, conforme previsão dos arts. 789-B e 790 da CLT.

"Art. 5º. Exceto nas lides decorrentes da relação de emprego, os honorários advocatícios são devidos pela mera sucumbência.

"Art. 6º. Os honorários periciais serão suportados pela parte sucumbente na pretensão objeto da perícia, salvo se beneficiária da justiça gratuita.

"Parágrafo único. Faculta-se ao juiz, em relação à perícia, exigir depósito prévio dos honorários, ressalvadas as lides decorrentes da relação de emprego.

"Art. 7º. Esta Resolução entrará em vigor na data da sua publicação."

A par do que estabelece esta Instrução, entendemos que as ações constitucionais (mandado de segurança individual e coletivo, *habeas corpus, habeas data* e mandado de injunção) devem seguir o rito específico que as rege, devido sua natureza constitucional, superior a um ramo específico do processo. Quanto às ações sobre relação de emprego, trabalhador avulso e pequeno empreiteiro, deve-se prosseguir com o rito de sempre: o trabalhista. As "novas" ações civis ajuizadas, inicialmente, na Justiça do Trabalho também devem ter por rito básico o do Processo do Trabalho, suplementado pelo processo comum.

O problema maior se encontra nas ações em curso na Justiça Comum, remetidas à Justiça do Trabalho. Seu rito se deve amoldar ao do Processo do Trabalho, no ponto em que se encontrarem, desde que respeitados os princípios básicos constitucionais do processo (direito de defesa, ao contraditório, à prova lícita, ao juiz natural, à recursividade etc.). As respostas para as inúmeras situações que surgirão só poderão ser apresentadas pontualmente, caso a caso, sendo imprudente se apresentássemos ao leitor uma solução genérica.

Capítulo VI
DISSÍDIOS INDIVIDUAIS: RECLAMAÇÃO TRABALHISTA

1. Reclamação trabalhista: requisitos e pedido. 2. Notificações: 2.1 Notificações em geral (art. 841, CLT); 2.2 Citação. 3. Valor da causa. 4. Resposta do reclamado: 4.1 Defesa do reclamado; 4.2 Contestação; 4.3 Exceções (arts. 304 a 314, CPC); 4.4 Reconvenção (arts. 315 a 318, CPC). 5. Da audiência: atos principais e conciliação. 6. Prescrição (arts. 11, CLT, e 189 a 206, CC). 7. Inquérito judicial para apuração de falta grave. 8. Rito sumário (Lei n. 5.584/1970). 9. Procedimento sumaríssimo (arts. 852-A a 852-I, CLT). 10. Litisconsórcio e intervenção de terceiros (arts. 56 a 80, CPC).

1. Reclamação trabalhista: requisitos e pedido

Também chamada de *ação trabalhista*, é o instrumento pelo qual a parte procura a definição e a concretização de seu direito na Justiça do Trabalho, através do processo adequado.

Pode ser feita por escrito ou verbalmente. Se verbal, será reduzida a termo, em duas vias datadas e assinadas pelo escrivão ou diretor da secretaria. Se escrita (= petição inicial), será apresentada à Secretaria da Vara ou ao setor de distribuição, onde houver mais de uma Vara Trabalhista. Nas comarcas que não tiverem Vara do Trabalho, será apresentada no Cartório do Juízo (arts. 837 e 838, CLT, com a redação adaptada à EC n. 24/1999, que extinguiu a representação paritária de empregados e empregadores nas Juntas de Conciliação e Julgamento, substituindo-as pela jurisdição de juiz singular nas Varas do Trabalho).

A reclamação pode ser feita pessoalmente. Não houve *revogação* dos arts. 791 e 839, *a*, CLT (*jus postulandi* das partes), pelo art. 133, CF (essencialidade do advogado).

Dispõe o art. 793, CLT (redação dada pela Lei n. 10.288/2001) que "a reclamação trabalhista do menor de 18 anos será feita por seus representantes legais e, na falta destes, pela Procuradoria da Justiça do Trabalho, pelo sindicato, pelo MPT estadual ou curador nomeado em juízo". Em nossa concepção, esta relação de legitimados é do tipo *ordenativo-sucessivo*, e não aleatória. Assim, o legitimado seguinte só poderá atuar se o anterior inexistir na localidade ou se recusar a promover a ação.

Segundo o art. 787, CLT, a inicial deverá ser apresentada em duas vias pelo reclamante. Uma ficará nos autos; a outra será enviada ao reclamado. Em sua redação, conterá a designação da Vara ou do Juiz de Direito, a quem for dirigida, a qualificação do reclamante e do reclamado, uma breve exposição dos fatos, a data e a assinatura do autor ou de seu representante (art. 840, § 1º, CLT). Embora silente a CLT, a petição inicial deverá conter, ainda, o valor da causa (para indicar o procedimento, a alçada e as custas), as provas a serem apresentadas em audiência, o pedido de depoimento do reclamado e, se através de advogado, o endereço deste, com a respectiva procuração. Tais falhas, porém, podem ser sanadas na audiência inaugural. O pedido de citação não é necessário, pois a notificação ao reclamado é ato de ofício do escrivão ou chefe de secretaria. Para tanto, este remeterá àquele, dentro de 48 horas, a segunda via da petição indicando o dia da audiência para comparecimento, que será a primeira desimpedida depois de 5 (cinco) dias (art. 841, CLT). Em sua simplicidade, a lei consolidada não exige a *fundamentação* do pedido. Não é necessário o rol de testemunhas.

O Juiz do Trabalho não está adstrito à fundamentação da parte. Narrados e comprovados os fatos, o magistrado pode acatar ou rejeitar a pretensão do autor por razões diferentes da que lhe foi deduzida (*mihi factum, dabo tibi jus*).

O pedido é a solicitação da tutela judicial formulada pelo autor ao Estado, em face do réu, com o fito de ver resgatado ou protegido o interesse transformado em lide. Respalda o pedido a *causa de pedir*, isto é, o móvel que impulsionou o reclamante a demandar o Judiciário.

Nas reclamações trabalhistas, em regra, o pedido é *cumulado* (FGTS + férias + aviso prévio + horas extras + adicional noturno etc.), mas pode ser *simples* também (p. ex: só adicional de insalubridade). A cumulatividade é permitida em nome da economia processual, da simplicidade e para se evitarem decisões diferentes para causas similares, entre os mesmos interessados.

Faculta-se, ainda, formular mais de um pedido em ordem *sucessiva*, a fim de que o juiz conheça do posterior se não puder acolher o anterior (art. 289, CPC). Diz-se pedido *alternativo* quando, pela natureza da obrigação, o devedor puder cumprir a prestação de mais de um modo (art. 288, CPC). No *sucessivo* a prestação é ditada pelo juiz; no *alternativo*, o devedor escolherá como há de cumprir a prestação, dependendo de lei, contrato ou obrigação (art. 288, par. ún., CPC).

Para a cumulação de pedidos não é necessária a conexão entre eles. Todavia, são requisitos de admissibilidade da cumulação, *ex vi* do art. 292, § 1º, CPC: "I – que os pedidos sejam compatíveis entre si; II – que seja competente para conhecer deles o mesmo juízo; III – que seja adequado para todos os pedidos tipo de procedimento".

O autor poderá pedir, dependendo do caso, prestações vencidas e vincendas (aquelas que se vencerão no curso do processo). Estabelece o art. 290, CPC, *litteris*: "Quando a obrigação consistir em prestações periódicas, considerar-se-ão elas incluídas no pedido, independentemente de declaração expressa do autor; se o devedor, no curso do processo, deixar de pagá-las ou consigná-las, a sentença as incluirá na condenação, enquanto durar a obrigação". Na CLT, a matéria só é mencionada na fase de execução. Assim, "nas prestações sucessivas por tempo determinado, a execução pelo não-pagamento de uma prestação compreenderá as que lhe sucederem" (art. 891); "tratando-se de prestações sucessivas por tempo indeterminado, a execução compreenderá inicialmente as prestações devidas até a data do ingresso na execução" (art. 892).

O pedido pode ser *líqüido* ou *ilíqüido*, dependendo da determinação ou indeterminação do valor econômico das parcelas reivindicadas. Diz-se líqüido quando o autor explicita os valores que postula perante o juiz, título por título. No procedimento sumaríssimo, é obrigatório o pedido ser líqüido; nos demais ritos, não.

Os pedidos são interpretados restritivamente, compreendendo-se, entretanto, no principal os juros legais (art. 293, CPC). Considerando a simplicidade trabalhista, entendemos que outros pedidos, quando meramente conseqüenciais do principal ou que sejam impostos pela lei, dispensam manifestação explícita (v. princípio da *ultrapetição*).

No processo do trabalho não há a fase de saneamento do processo civil e, geralmente, não ocorre a inépcia da inicial, pois as partes, na audiência, podem consertar os vícios da petição (sobretudo meramente formais).

Aceitamos o *aditamento* da exordial em audiência, porém com a devolução do prazo legal para defesa no ponto aditado, pois o direito de defesa sempre há de ser respeitado (art. 5º, LV, CF). O próprio CPC, em seu art. 294, admite o aditamento, ao prescrever que "antes da citação, o autor poderá aditar o pedido, correndo à sua conta as custas acrescidas em razão dessa iniciativa".

Havendo pedido de adicional de insalubridade ou de periculosidade, convém ao autor, na inicial, especificar as substâncias tóxicas com as quais lidava ou a atividade perigosa em que labutava. Os juízes têm aplicado, à falta disso, a inépcia do pedido.

2. Notificações

2.1 Notificações em geral (art. 841, CLT)

A CLT chama de *notificação* tanto a *citação* como a *intimação*. Somente no processo de execução ela utiliza *citação*.

Citação é o chamamento do Estado-juiz para o réu integrar a lide, apresentando a defesa que tiver. *Intimação* é a comunicação judicial ao interessado de ato praticado no processo pelo juiz ou por algum dos atores processuais, ou, ainda, de ato que as partes devam realizar. Aquela só ocorre uma vez no processo, no início; a intimação dar-se-á várias, tantas quantas necessárias.

A citação é ato *ex officio* da Secretaria da Vara. O juiz só participa dela, ordenando-a por despacho, na distribuição por dependência e na execução, e nos Tribunais, nas ações ali originárias.

Faz-se a citação por correio em registro postal com *franquia* (gratuitamente), mediante aviso de recebimento (AR). Ela não é pessoal, podendo ser feita na pessoa de quem se encontrar no endereço constante da inicial (do filho, da esposa, do empregado etc.).

Se não for encontrado o destinatário ou havendo recusa ao recebimento, o Correio ficará obrigado a, sob pena de responsabilidade, devolvê-la, dentro de 48 horas, ao Tribunal de origem (art. 774, par. ún., CLT). Se o reclamado criar embaraço ao seu recebimento, ou não for encontrado, será feita por edital no jornal oficial ou que publicar o expediente forense, ou, na falta destes, afixado na sede da Vara ou do juízo. Presume-se recebida 48 horas após a postagem; e seu não-recebimento ou entrega depois deste prazo constituem ônus de prova do destinatário, quando quiser desfazer a presunção (Enunciado n. 16-TST).

A citação deverá ser encaminhada dentro de 48 horas pelo escrivão ou chefe de secretaria, contendo a petição inicial ou o termo, ao reclamado, com a notificação para comparecer à audiência, que será a primeira desimpedida depois de 5 dias (art. 841, CLT). Este prazo para defesa do reclamado haverá de ser pelo menos de 20 dias em se tratando de autarquias, fundações de Direito público, Municípios, Estados, Distrito Federal e União Federal (Dec.-lei n. 779/1969; e art. 188, CPC). Deste modo, não há um prazo geral definido para que se compareça à audiência, pois a CLT apenas indica o *mínimo* de 5 dias, dependendo do movimento na Vara (às vezes demora meses).

A citação é feita por oficial de justiça onde não houver correio e na execução. Por edital, quando o réu criar embaraços, não for encontrado, tratar-se de pessoa desconhecida ou incerta, o lugar em que se encontrar for ignorado, incerto ou inacessível e nos casos expressos em lei (art. 841, § 1º, CLT; e art. 231, CPC). Pode ser feita por *precatória* (nas comarcas do mesmo país) e por *rogatória* (se em outro país), consistindo as duas formas num pedido que determinado juiz faz a outro para notificar certo sujeito, no âmbito de sua competência.

Os prazos das notificações começam a ser contados não da juntada aos autos do AR ou da certidão do oficial de justiça, mas, sim, conforme o caso, "a partir da data em que for feita pessoalmente, ou recebida a notificação, daquela em que for publicado o edital no jornal oficial ou no que publicar o expediente da Justiça do Trabalho, ou, ainda, daquela em que for afixado o edital na sede da Junta ou Tribunal" (art. 774, CLT).

Excepcionalmente, a notificação trabalhista será feita por oficial de justiça (quando a lei ou o juiz o determinar). A legislação impõe que as notificações em geral sejam feitas pessoalmente, pelo meirinho, em se tratando de determinadas autoridades públicas (representantes judiciais da União Federal, por exigência do art. 6º da Lei n. 9.028/1995) e do MPT (notificação com ciência nos autos). Segundo o art. 247, CPC, "as citações e as intimações serão nulas, quando feitas sem observância das prescrições legais".

2.2 Citação

Os efeitos da citação encontram-se previstos no art. 219, CPC: previne o juízo, induz litispendência, faz litigiosa a coisa, constitui em mora o devedor e interrompe a prescrição. Além de dar ciência da ação ao réu e convocá-lo a se defender, no processo trabalhista ela ainda marca a audiência, seu horário, convidando o réu a comparecer com suas testemunhas. Aqui, a interrupção da prescrição dá-se com a simples protocolização da petição inicial no setor competente, ou, se for o caso, da distribuição da reclamação verbal. No processo civil, esta interrupção dá-se com o ato citatório, mas retroagirá à data da propositura da ação (art. 219, § 1º, CPC).

A citação é de suma importância, porque instaura o contraditório e dá oportunidade de defesa ao réu. Sua ausência causa nulidade absoluta e vicia o processo desde o início. Seu grau de nulidade é tão grande que o vício pode ser alegado nos recursos e até na fase de execução, nos embargos do devedor, independentemente de prequestionamento. Deve, ainda, ser decretada *ex officio* pelo juiz em qualquer instância e fase do processo.

Na petição inicial não é necessário pedir-se a citação do reclamado, eis que é ato de ofício do escrivão ou chefe da Secretaria, dispensando o despacho do juiz, cuja determinação, porém, dar-se-á na execução e nas ações de competência originária dos Tribunais.

Não se pode citar o réu nas situações previstas pelo art. 217, CPC. No processo do trabalho não há a *citação por hora certa* (art. 227, CPC), pois, além de ser feita por correio, é impessoal, o que facilita e poupa bastante tempo à Justiça. Todavia, conforme visto em tópico anterior, excepcionalmente esta modalidade pode ocorrer, nos casos determinados pelo juiz ou prescritos em lei.

3. Valor da causa

Valor da causa é a importância pecuniária que o autor atribui à ação, devendo ser indicada logo na petição inicial. Se a exordial for omissa, o juiz o fixará na audiência, logo após a defesa do demandado.

O *valor da causa* é diferente do *valor da condenação* e do *valor da liquidação*.

Pela ordem, o primeiro é apontado pelo autor logo na exordial ou fixado pelo juiz em audiência. Importa fixar o valor da causa para a definição do rito a ser adotado na ação (art. 852-A, CLT); para servir de parâmetro na aplicação da multa por litigância de má-fé (art. 18, CPC); na aplicação de multa ao perito que, injustificadamente, deixar de cumprir o encargo no prazo assinalado pelo juiz (art. 424, II, e par. ún., CPC); na aplicação de multa nos embargos de declaração protelatórios (art. 538, par. ún., CPC) etc.

O *valor da condenação* é a quantia indicada na sentença pelo juiz, às vezes presumidamente, e terá importância para a definição do depósito recursal e para o pagamento das custas pelo recorrente.

O *valor de liquidação* é a quantia apurada na fase de liquidação da sentença, preambularmente à execução propriamente dita. Indica a dívida do devedor, que deve ser paga ao credor, sob pena de penhora.

O art. 840, § 1º, CLT, ao indicar os requisitos da inicial, não impõe o valor da causa na inicial. Contudo, a Lei n. 5.584/1970 (rito sumário) deixou evidente que, se a parte não o indicasse na petição inicial, o juiz o fixaria em audiência. Por outro lado, a necessidade de delimitação do valor da causa é uma conseqüência lógica das ações em geral, por originar derivações processuais. Com a Lei n. 9.957/2000, que instituiu o rito sumaríssimo no processo do trabalho, a correta indicação do valor da causa assumiu pedestal relevante, pois ele é critério para definir o rito a ser adotado, devendo a parte apontá-lo logo na sua vestibular. Caso não o faça, o juiz deverá fixá-lo em audiência.

A oportunidade esdrúxula de impugnar o valor da causa no Processo do Trabalho, ditada pelo art. 2º, § 2º, Lei n. 5.584/1970 (em razões finais), encontra-se modificada pela Lei n. 9.957/2000. De fato, segundo esta lei, "serão decididos, de plano, todos os incidentes e exceções que possam interferir no prosseguimento da audiência e do processo. As demais questões serão decididas na sentença" (art. 852-G, CLT). Assim, sendo a fixação da alçada essencial para a definição do rito processual, ela deverá ocorrer logo na audiência inaugural.

Sendo o pedido líquido, o que é exigência do rito sumaríssimo (art. 852-B, I, CLT), o valor da causa deve ser o total dos valores indicados na reclamação.

Conforme o art. 258, CPC, "a toda causa será atribuído um valor certo, ainda que não tenha conteúdo econômico imediato". Se a ação não espelhar um valor pecuniário específico (p. ex., nas ações meramente declaratórias), deverá ele ser arbitrado para fins de alçada.

4. Resposta do reclamado

O réu pode responder à ação defendendo-se pela *contestação* e pelas *exceções*, ou contra-atacando (*reconvenção*), no prazo legal. Para qualquer delas o prazo é um só: 5 dias (art. 841, CLT).

Ao comparecer a juízo, na data determinada na citação, o réu pode, na audiência, adotar várias posturas: ficar indiferente, aceitar os fatos e suas conseqüências, ou negá-los, ou opor fato novo; aceitar alguns fatos e negar outros, contestar alguns fatos e outros não, excepcionar, reconvir etc.

Se o réu não comparecer, será revel e confesso quanto aos fatos. Se comparecer, mas assumir postura de indiferença, os fatos alegados pelo autor serão tidos como verdadeiros. Pode negar o direito, embora aceite os fatos, atacando, assim, o mérito da ação. Não se esqueça o leitor de que o *mérito* é composto de *fato* e de *direito*. Portanto, as conseqüências dos fatos podem prejudicá-lo. E os fatos não impugnados são tidos como verdadeiros; ou seja, se o autor contestar apenas alguns, os demais serão considerados verídicos. Se estes não justificarem o direito, por regra o réu terá perdido a chance de atacá-los.

Alegando fato novo, o ônus de prová-lo será seu (art. 333, II, CPC), seja ele modificativo, extintivo ou impeditivo. No *modificativo*, há substituição de efeitos, os quais foram alterados por outros novos (p. ex., a novação); no *impeditivo*, os efeitos, total ou parcialmente, são retirados, desde o início do contrato, do fato que o constituíra (p. ex.: ilicitude do objeto, incapacidade das partes etc.); no *extintivo*, desaparece o direito (p. ex.: pagamento da dívida, prescrição, renúncia, transação etc.).

4.1 Defesa do reclamado

Ao defender-se, o réu pode atacar o mérito ou o processo.

a) Defesa contra o processo – Nesta modalidade, o réu impede ou dilata a decisão quanto ao mérito. Diz-se *direta* quando visa à declaração de sua nulidade ou de carência de ação (p. ex.: falta de pressupostos processuais, como a incapacidade processual); *indireta* quando apenas busca a paralisação do processo, mantendo inabalados os elementos da relação processual (p. ex.: exceções processuais).

b) Defesa contra o mérito – O ataque ou resistência dirige-se à pretensão do autor. Pode ser *direta*, ao se dirigir contra o pedido, nos seus fundamentos de fato e de direito (p. ex.: negação dos fatos expostos na exordial; admissão fática com negativa dos efeitos jurídicos); ou *indireta*, ao apresentar fato novo que altere a situação fático-jurídica do direito apontado pelo autor (p. ex.: satisfação prestacional).

Excluindo as exceções, a *defesa*, quer seja contra o processo quer seja contra o mérito, dá-se pela contestação.

No processo trabalhista, o momento da *resposta* do reclamado é o da "primeira" audiência, na qual terá 20 minutos para articulá-la (art. 846, CLT). Na praxe, os juízes aceitam, por facilidade processual, celeridade e maior segurança de defesa, resposta por escrito.

Deve o reclamado formular toda a defesa que tiver nesta oportunidade, sob pena de preclusão. Somente as matérias de ordem pública e as de nulidade absoluta é que não precluem, podendo ser declaradas de ofício pelo juiz ou argüidas pelo MP, em qualquer tempo e grau de jurisdição (inteligência dos arts. 267, § 3º, e 516, CPC). É por isso que o vício de citação pode ser alegado em qualquer momento e grau de jurisdição, até por ocasião dos embargos à execução (art. 741, I, CPC) ou da ação rescisória (art. 485, V, CPC).

4.2 Contestação

Instalada a audiência e fracassada a conciliação entre as partes, o reclamado dispõe de 20 minutos para aduzir sua defesa, escrita ou verbalmente (reduzida a termo, em ata). A prática, porém, é da contestação escrita, juntada aos autos por ordem do juiz. A própria parte pode assinar sua defesa ou ditá-la para ser reduzida a termo.

As questões referentes a pressupostos processuais, elementos e condições da ação e outras inerentes à técnica processual serão argüidas pelo réu na contestação, antes do mérito propriamente dito. São as *preliminares* (art. 301, CPC) de: a) inexistência ou nulidade da citação; b) incompetência absoluta; c) inépcia da petição inicial; d) perempção; e) litispendência; f) coisa julgada; g) conexão; h) incapacidade da parte, defeito de representação ou falta de autorização; i) convenção de arbitragem; j) carência da ação; e k) falta de caução ou de outra prestação, que a lei exige como preliminar.

O acatamento da preliminar pelo juiz leva à extinção do processo sem julgamento do mérito, possibilitando à parte renovar a ação, após sanar o vício, salvo os casos de perempção, litispendência ou coisa julgada (art. 268, CPC).

Há, ainda, as *prejudiciais* (= *preliminares de mérito*: prescrição, decadência e vínculo de emprego, p. ex.), cuja apreciação influi no mérito. São argüíveis na própria contestação, após as preliminares, e seu acatamento leva à extinção do processo com julgamento de mérito (art. 269, CPC), impossibilitando a renovação da ação.

A contestação não pode ser genérica; deve combater fato por fato, pois os não contestados presumir-se-ão verdadeiros (arts. 285, 302 e 319, CPC). Contudo, não se aplica esta regra ao advogado dativo, ao curador especial e ao MP (art. 302, par. ún., CPC). A presunção de veracidade dos fatos não prevalece se: *a)* não for admissível, a seu respeito, a confissão; *b)* a petição inicial não estiver acompanhada do instrumento público que a lei considerar da substância do ato; e *c)* estiverem em contradição com a defesa, considerada em seu conjunto (art. 302, CPC). Tem-se admitido confissão, ficta e real, pela Administração Pública (Precedente Normativo n. 152-SDI-1/TST).

É, também, a oportunidade de se alegar *compensação* e *retenção*. Esta ocorre na hipótese do art. 487, § 2º, CLT (falta de aviso prévio pelo empregado em rescisão de sua iniciativa, imotivadamente). São pressupostos daquela: a) dívida líqüida e certa do empregado; e b) ter natureza trabalhista. Ambas compõem o mérito da ação.

4.3 Exceções (arts. 304 a 314, CPC)

O réu pode defender-se atacando indiretamente o processo, alegando suspeição, incompetência (relativa) ou impedimento. As demais matérias processuais são alvo de *preliminar* (art. 301, CPC).[1]

A *suspeição* envolve a parcialidade do juiz, reputada no art. 135, CPC. Já os casos de *impedimento* são de ordem objetiva (art. 134, CPC). A CLT, datada ainda da época do CPC/1939, seguindo-lhe a antiga técnica, não diferencia explicitamente *suspeição* de *impedimento*, rotulando-as genericamente sob a epígrafe da primeira (art. 801).

Segundo o art. 799, CLT, "nas causas da jurisdição da Justiça do Trabalho, somente podem ser opostas, com suspensão do feito, as exceções de suspeição ou incompetência". As demais exceções serão alegadas como matéria de defesa (§ 1º), o que nos parece seja o mesmo raciocínio do art. 301, CPC. Atualizando o conceito processual de *suspeição*, também a exceção de *impedimento* suspende o feito.

Se a decisão que julgar a exceção extinguir o feito, cabe recurso ordinário. Caso contrário, descabe-o, pois o MPT não acolhe o agravo de instrumento contra decisão interlocutória.

Os juízes são obrigados a dar-se por suspeitos e impedidos.

O momento de se apresentar as exceções é o da audiência inaugural. Tratando-se de incompetência absoluta, o próprio juiz deve decretá-la *ex officio* (art. 113, CPC). A CLT diz o mesmo com a incompetência de *foro*; a palavra *foro,* aí, tem o sentido de *matéria* (foro trabalhista, foro criminal, foro comercial), cuja competência é absoluta, e não no sentido de *foro* territorial, que seria relativa.

Com a argüição de *litispendência,* elimina-se a possibilidade de serem dadas duas sentenças conflitantes ao mesmo dissídio. Por ser matéria de interesse público, o próprio juízo, de ofício, pode decretá-la.

---

1. A *exceção* é apresentada em peça separada da contestação, conquanto na mesma oportunidade (arts. 297, 307 e 312, CPC); ao passo que a *preliminar* há de ser suscitada na mesma peça contestatória, antes do mérito (arts. 300 e 301, CPC).
O acatamento da preliminar, em regra, leva à extinção do processo sem julgamento do mérito, possibilitando nova propositura da ação (arts. 267 e 268, CPC). O acatamento da exceção não extingue o processo; suspende-o (art. 306, CPC).

A argüição de *coisa julgada* colima evitar que um processo já definitivamente deslindado obtenha novo julgamento em ação posterior. A coisa julgada só pode ser atacada (desfeita) pela ação rescisória.

Enquanto na litispendência há, simultaneamente, dois processos em curso, com identidade de ações, na coisa julgada um deles já foi julgado anteriormente (art. 301, § 3º, CPC).

4.4 Reconvenção (arts. 315 a 318, CPC)

Compatível com o processo do trabalho, a reconvenção é modalidade de contra-ataque na própria demanda. Trata-se de uma ação dentro de outra, em que o réu da primeira demanda torna-se autor (reconvinte), e o autor toma o posto de réu (reconvindo).

O réu pode reconvir no mesmo processo toda vez que a reconvenção seja conexa com a ação principal ou com o fundamento da defesa.[2] Portanto, a Justiça do Trabalho deve ter competência material para conhecer ambas as ações, cujo procedimento há de ser idêntico.

Os processos de execução e cautelar não permitem a reconvenção (art. 16, § 3º, Lei n. 6.830/1980).

Por se tratar de ação, a petição reconvencional deve ser oferecida em peça separada da contestação (art. 299 do CPC), havendo de conter causa de pedir, pedido e valor da causa. O momento oportuno de apresentá-la é o da defesa, em audiência, por escrito ou verbalmente.

Como o prazo de defesa das ações trabalhistas é de 5 dias, no mínimo, e a reconvenção é verdadeira ação, o prazo para lhe responder deve ser o da CLT, e não o do CPC (15 dias).

Apresentada a defesa e a reconvenção, o juiz receberá aquela, fará uma análise superficial da adequação desta e, a petição não estando inepta nem sendo o caso de indeferimento liminar, suspender-se-á a audiência, designando nova data, a fim de que a parte contrária possa oferecer sua defesa. Caso a petição reconvencional não atenda aos requisitos legais, será indeferida de plano e devolvida ao

---

2. É possível reconvir sem contestar (*RT* 498/170 e *RP* 22/226). Haverá, aí, revelia quanto à ação principal. De fato, são duas ações distintas, unidas pela economia processual. Tanto que a desistência da ação, ou a inexistência de qualquer causa que a extinga, não obsta o prosseguimento da reconvenção (art. 317, CPC).

reconvinte, de tudo fazendo constar na ata da audiência. Esta postura do juiz, no entanto, não impede que o reconvinte insista em deixar a petição nos autos para oportuno questionamento da medida.

5. Da audiência: atos principais e conciliação

Às audiências devem comparecer o juiz e o funcionário de audiência, além das partes, competindo ao primeiro dirigi-la e manter a ordem no recinto (art. 816, CLT). São públicas e realizar-se-ão na Vara, em dias úteis previamente fixados, entre 8 e 18 horas, não podendo ultrapassar 5 horas seguidas de duração, exceto se houver matéria urgente (art. 813, CLT). Poderão realizar-se em outro local, eventualmente, designado mediante edital afixado na sede da Vara com antecedência mínima de 24 horas (art. 813, § 1º, CLT).

Presentes os funcionários com antecedência, à hora marcada um deles apregoará as partes, as testemunhas e quem mais deva comparecer, por ordem do juiz. As partes só estarão obrigadas a esperar até o 15º minuto para iniciar a sessão, após o que se registrará o ocorrido no livro de audiência. Mas esta regra não vale para atrasos de audiência anterior, quando o juiz, portanto, já está em serviço.

A audiência é única e contínua, nela realizando-se todos os atos processuais: defesa, conciliação (se houver), apresentação de provas, até o julgamento. A praxe vem-na repartindo em três sessões: 1) proposta de conciliação e defesa – é a "audiência inaugural"; 2) outra para instrução; e 3) para julgamento. Isso não quer dizer que a audiência foi repartida em três outras, autônomas. Juridicamente, ela continua a mesma, única.

Antes da defesa, obrigatoriamente propõe-se a conciliação (art. 847, CLT), a qual poderá se dar em qualquer fase do processo, mesmo na execução (art. 764, § 3º, CLT). A proposta constará na ata. Se aceita, lavrar-se-á termo, com as condições do acordo e as sanções pelo descumprimento. Segundo o Enunciado n. 259-TST, só por ação rescisória é atacável o termo de conciliação do art. 831, CLT, e este, por sua vez, preceitua valer a homologação como decisão irrecorrível (salvo para a Previdência Social quanto às contribuições que lhe forem devidas).

Fracassada a proposta de conciliação, recebe-se a defesa do reclamado, fixa-se o valor de alçada e designa-se dia da audiência para instrução. Nela serão inquiridas as testemunhas e prestados os depoimentos pessoais dos litigantes. A fase instrutória pode estender-se por mais de uma sessão. A parte que faltar à audiência (2ª sessão), injustificadamente, será confessa quanto à matéria de fato (Enunciado n. 74-TST); se ambas forem faltosas, dar-se-á a confissão mútua, e o ônus da prova reverter-se-á em benefício da outra, desde que intimadas para depoimento (v. item 4 do Capítulo V). Esta fase se estende até às razões finais e envolve os demais meios de prova: documental, perícia, inspeção judicial etc.

A audiência de julgamento é posterior às razões finais, depois de rejeitada a derradeira proposta de conciliação (art. 850, CLT). Nela, será proferida ou publicada a sentença.

Havendo acordo, o juiz o homologará e será lavrado o termo respectivo. Se a parte não o cumprir no prazo estabelecido, incorrerá em multa de até 100% do seu valor, conforme fique estipulado no termo do acordo (art. 847, § 2º, CLT). A conciliação deságua na extinção do processo com julgamento do mérito (art. 269, III, CPC).

A reclamação também pode findar com a desistência do autor, desde que outra parte concorde, se já tiver decorrido o prazo para defesa (art. 267, VIII, e § 4º, CPC). A desistência só surte efeitos se homologada por sentença (art. 158, par. ún., CPC), que extinguirá o processo sem julgamento do mérito, permitindo renovação da ação.

6. Prescrição (arts. 11, CLT, e 189 a 206, CC)

A prescrição é tradicionalmente conhecida como a perda do direito de ação, por não ter sido exercido no prazo legalmente previsto.

O art. 7º, XXIX, CF, dispõe que os créditos resultantes das relações de trabalho têm prazo prescricional de 5 anos para os trabalhadores urbanos e rurais até o limite de 2 anos após a extinção do contrato de trabalho.

Note-se que esse prazo prescricional estabelecido pela CF/1988, referente aos créditos trabalhistas, é de apenas 5 anos, nele incluído o tempo da vigência do contrato ou da rescisão, ou seja, em que o trabalhador esteja dentro ou fora do emprego – salvo se o biênio fora da empresa sobrevier antes do decurso do qüinqüênio, que é o limite máximo. Não se trata, pois, de um prazo de sete anos (5 + 2), como erroneamente se poderia imaginar.

O prazo prescricional não corre contra os absolutamente incapazes (art. 198, I, CC), nem contra os menores de 18 anos (art. 440, CLT).

A argüição de prescrição é uma defesa processual, de conteúdo material, a ser articulada em qualquer grau de jurisdição (até o recurso ordinário para o TRT – Enunciado n. 153). Não pode ser decretada *ex officio*, a não ser para favorecer a absolutamente incapaz (art. 194, CC).

A prescrição é tema tratado, entre nós, pelo direito substantivo. Daí, apontar-se-lhe o cunho de materialidade, de tal modo que o seu pronunciamento pelo juízo implica extinguir o processo *com julgamento do mérito* (art. 269, IV, CPC), a atrair a coisa julgada (art. 467, CPC), inviabilizando a repetição da pretensão.

O ajuizamento da ação interrompe a prescrição. No processo do trabalho, a mera protocolização da petição inicial na Secretaria da Vara ou no setor de distribuição, bem como a mera formulação verbal da reclamatória no setor competente importam em ajuizamento da reclamação.

Se consumada, a prescrição comporta renúncia, que pode ser expressa ou tácita, caracterizando-se esta pela inércia do interessado.

Embora o parágrafo único do art. 7º, CF, não seja expresso, o prazo prescricional para o trabalhador doméstico postular seus direitos em juízo é o mesmo (5 anos, até o limite de 2 após a extinção do contrato).

Mais recentemente, estabeleceu o TST, por seu Enunciado n. 362: "É trintenária a prescrição do direito de reclamar contra o não-recolhimento da contribuição para o FGTS, observado o prazo de 2 (dois) anos após o término do contrato de trabalho".

A Súmula n. 327-STF admite a prescrição intercorrente, contrariando o Enunciado n. 114-TST, que não a admite.

7. Inquérito judicial para apuração de falta grave

Certos empregados – possuidores de determinadas estabilidades – só podem ser despedidos se cometerem falta grave, apurada na Justiça do Trabalho. P. ex.: o dirigente sindical (Súmula n. 197-STF; Precedente Normativo n. 114, SBDI-1/TST) e o representante dos trabalhadores que integre Comissão de Conciliação Prévia.

Não são todos os casos de estabilidade que exigem a instauração do inquérito judicial como condição à despedida do trabalhador. As estabilidades diferenciam-se por sua duração e pelo "grau de proteção" ao trabalhador. O inquérito só constitui exigência quando a legislação proteger o empregado contra despedida pelo empregador, "salvo se cometer falta grave".

Quando a legislação exigir o ajuizamento prévio de inquérito judicial para apurar a falta grave do estável, o empregador não poderá se valer de outro meio (p. ex.: inquérito penal, sindicância interna).

Por outro lado, segundo o Enunciado n. 77-TST, é nula "a punição de empregado se não precedida de inquérito ou sindicância internos a que se obrigou a empresa, por norma regulamentar".

A CLT chama *de inquérito judicial para apuração de falta grave* a ação movida pelo empregador para apuração de falta grave, na Justiça Laboral, procurando, pela sentença, a rescisão contratual. A petição é escrita (art. 853, CLT), devendo o processo ser instaurado até 30 dias após a suspensão do empregado (prazo decadencial). A inicial deverá obedecer aos requisitos do art. 282, CPC. O número de testemunhas é de até 6, por cada parte.

Mesmo suspenso o operário, sua despedida só se tornará efetiva após o inquérito ser julgado procedente (art. 494, CLT).

O ajuizamento do inquérito judicial pode não ser precedido de suspensão do empregado, quando, então, não haverá prazo explícito para propor-se a demanda.

Caso a Justiça julgue improcedente o inquérito, o empregado, se suspenso, será reintegrado no emprego, com direito a todas as parcelas e direitos do período de sua suspensão, que durará até decisão final, observado o período da estabilidade provisória. Enquanto não for reintegrado pela empresa, o obreiro fará jus aos salários e às demais vantagens, bem como poderá pleitear a rescisão com o pagamento em dobro da indenização. Se a reintegração for desaconselhável, o juiz poderá convertê-la em indenização dobrada (art. 496, CLT).

Nada impede que o juízo determine, no bojo do inquérito, liminar reintegratória, quando presentes elementos para a adoção dessa medida. Igualmente, se o empregador despedir o empregado estável sem a instauração do inquérito, este poderá ajuizar ação trabalhista postulando a reintegração imediata no emprego, hipótese em que se torna cabível a antecipação de tutela (art. 659, X, CLT).

8. Rito sumário (Lei n. 5.584/1970)

Sua adoção constitui uma faculdade do juízo. É aplicável quando o valor da causa for de até 2 salários mínimos, havendo ou não ente público na ação. Nele, o rito é mais célere do que o do procedimento comum, havendo maior concentração dos atos processuais e limitação à recursividade.

É dispensado o resumo em ata dos depoimentos prestados. Como predomina a oralidade, deve a sentença ser redigida no ato, para que a conclusão não fuja da memória do juiz, o qual, no entanto, poderá fazê-lo 48 horas depois, podendo proceder a anotações para isto.

Outra conseqüência é a irrecorribilidade das sentenças dos processos de rito sumário, salvo quando houver ofensa à CF, sendo necessário, então, percorrer todas as instâncias. Havendo discussão de matéria constitucional nos processos de rito sumário, o apelo cabível da Vara Trabalhista é o recurso ordinário para o TRT e, permanecendo o vício da inconstitucionalidade, admissível é o recurso de revista para o TST. Somente do TST, persistindo o mencionado vício, caberá o recurso extraordinário para o STF. Descabível, pois, recurso extraordinário da Vara do Trabalho diretamente para o STF.

9. Procedimento sumaríssimo (arts. 852-A a 852-I, CLT)

Submetem-se a este rito os dissídios cujo valor da causa não exceda a 40 vezes o salário mínimo vigente na data do ajuizamento da reclamação. Ficam excluídas do procedimento sumaríssimo as demandas em que for parte a Administração Pública direta, autárquica e fundacional. As empresas públicas, sociedades de economia mista e demais entidades de Direito privado, embora possuidoras de capital público, submetem-se a tal procedimento.

São características deste rito:

a) Haver pedido certo ou determinado, indicando o valor correspondente O valor da causa é importante para a fixação do rito e deve obedecer aos critérios indicados pelo art. 259, CPC, principalmente ao disposto no inc. I (o valor será, "na ação de cobrança de dívida, a soma do principal, da pena e dos juros vencidos até a propositura da ação") e no inc. II (o valor será, "havendo cumulação de pedidos, a quantia correspondente à soma dos valores de todos eles"). Se o valor da causa tiver sido omitido, incumbirá ao juiz fixá-lo, logo após a contestação. Isto, normalmente, decorrerá de uma operação aritmética, da soma dos pedidos quantificados na petição inicial ou no termo de reclamação.

b) Não se fará citação por edital, incumbindo ao autor a correta indicação do nome e endereço do reclamado.

c) A reclamação será concluída em 15 dias, contados do seu ajuizamento, podendo constar de pauta especial, se necessário, de acordo com o movimento judiciário da Vara Trabalhista. A lei não fala em *vara especial*, mas, sim, em *pauta especial*, o que sugere ser a mesma Vara do Trabalho competente para todos os tipos de rito (comum, sumário e sumaríssimo).

d) O acordo judicial continua sendo a tônica do procedimento trabalhista. Ele é cabível em qualquer fase da ação, incumbindo ao juiz, porém, evitar a homologação se perceber indícios de coação ou quando o empregado estiver renunciando a direitos indisponíveis.

e) A audiência será única, nela sendo produzida a defesa, a instrução, as razões finais, as tentativas de conciliação etc. Contudo, eventualmente, a audiência poderá ser interrompida e fracionada em *sessões*, havendo motivo relevante justificado pelo juiz, assim como no caso de depender de perícia a ser realizada.

f) Quando interrompida a audiência, o seu prosseguimento e a solução do processo dar-se-ão no prazo máximo de 30 dias, salvo motivo relevante justificado nos autos pelo juiz da causa. Esta seria a hipótese de ser necessária a realização de perícia, quando, então, a reclamação findaria em 45 dias.

g) Na ata de audiência serão registrados resumidamente os atos essenciais, as afirmações fundamentais das partes e as informações úteis à solução da causa trazidas pela prova testemunhal.

h) O número máximo de testemunhas por cada parte é de duas, as quais comparecerão independentemente de intimação.

i) Todos os incidentes e exceções serão decididos de plano. Incluem-se, aqui, as alegações de nulidade, impugnações ao valor da causa, os pedidos de prorrogação de prazo para prática de atos processuais ou para condução de testemunhas, os pleitos de adiamento da audiência por qualquer motivo etc.

j) A sentença será sucinta. Dispensado o relatório, ela mencionará os elementos de convicção do juízo, com resumo dos fatos relevantes ocorridos na audiência. A princípio, a sentença deverá ser prolatada em audiência, oportunidade em que as partes serão intimadas (art. 852, § 3º, CLT). Mas, obviamente, nem sempre isto é possível nem conveniente, sobretudo quando a matéria exige do magistrado uma atenção redobrada. Nesta hipótese, os autos serão conclusos ao juiz para prolação da sentença, devendo as partes ser notificadas de seu teor, oportunamente. A lei apela para a justiça do caso concreto, ordenando que o juiz busque a decisão mais "justa e equânime, atendendo aos fins sociais da lei e as exigências do bem comum" (art. 852-I, § 1º, CLT).

k) Da sentença, caberá recurso ordinário para o TRT, no prazo de 8 dias. Porém, o recurso de revista (da decisão prolatada no recurso ordinário) só será admitido por contrariedade à súmula do TST e por violação direta da Constituição Federal (art. 896, § 6º, CLT). Por certo, o dispositivo inspirou-se nos efeitos da *súmula vinculante,* conforme se inseriu no texto constitucional pela a EC n. 45/2004.

l) No TRT, o recurso ordinário terá rito acelerado, sendo submetido desde logo ao juiz-relator, o qual o liberará em 10 dias, sendo posto em pauta para julgamento. O parecer do MPT será oral, em sessão, caso vislumbre presente interesse público. O acórdão consistirá na certidão de julgamento, indicando o processo e a parte dispositiva, e nas razões de decidir do voto prevalecente. Se a sentença for confirmada pelos próprios fundamentos, a certidão de julgamento, registrando tal circunstância, servirá de acórdão.

Valor da alçada nos dissídios plúrimos – No caso de reclamatória plúrima (litisconsórcio ativo), o valor da causa deverá ser a soma de todos os pedidos (TST/SDI, E-RR-68.673/93.8, *LTR* 60(04):536; TRT-3ª Reg., AI 45/95, *DJ/MG* 10.3.1995).

Intimação e condução coercitiva de testemunha – As testemunhas comparecerão à audiência independentemente de intimação, sendo desnecessário o rol prévio. Só será deferida intimação de testemunha que, comprovadamente convidada, deixar de comparecer. Não comparecendo a testemunha intimada, o juiz poderá determinar sua condução coercitiva (art. 852-H, § 3º, CLT).

Recurso de Revista – RR (art. 896, § 6º, CLT) – Nas causas sujeitas ao procedimento sumaríssimo, somente será admitido recurso de revista por contrariedade à súmula do TST e violação direta da CF.

O valor da causa como requisito da petição inicial – O valor da causa é requisito da inicial. A Lei 9.957/2000 mudou a forma de impugnação, que agora pode ser feita na audiência, antes das razões finais, cabendo ao juiz decidir de plano o incidente (art. 852-G, CLT).

10. Litisconsórcio e intervenção de terceiros (arts. 56 a 80, CPC)

Sendo várias as reclamações e havendo identidade de matéria, poderão elas ser acumuladas num só processo, se se tratarem de empregados da mesma empresa ou estabelecimento (art. 842, CLT: litisconsórcio ativo).

O art. 842, CLT, visa a facilitar a instrução processual e a assegurar maior rapidez na prestação da tutela jurisdicional, quando houver identidade de matérias. Desse modo, é-lhe inteiramente aplicável, subsidiariamente, o parágrafo único do art. 46, CPC, ao preceituar que o juiz poderá limitar o litisconsórcio facultativo quanto ao número de litigantes, quando este comprometer a rápida solução do litígio ou dificultar a defesa.

Quanto à intervenção de terceiros na Justiça do Trabalho, o tema é bastante controvertido. O maior óbice para seu cabimento está na incompetência da Justiça do Trabalho para julgar lides entre *empregadores* ou entre *estes e terceiros estranhos à relação de emprego* e apreciar matéria de cunho *não trabalhista*.

De todas as modalidades de intervenção de terceiro *(oposição, nomeação à autoria, denunciação da lide* e *chamamento ao processo),* a única prevista pela CLT é o *chamamento à autoria,* previsto no art. 486, pertinente ao *factum principis* (impossibilidade de se continuar o empreendimento em virtude de lei ou de ato de autoridade pública). Em tal hipótese, o empregador reclamado pelo pagamento das verbas rescisórias apontará a pessoa jurídica de Direito público responsável pela paralisação de sua atividade, a cargo da qual ficará o crédito pleiteado. Contudo, a jurisprudência vem se insurgindo contra o chamamento à autoria mesmo nesse caso, sob o argumento de que mencionada paralisação das atividades pelo *factum principis* faz parte do natural risco do empreendimento a que se submete o empregador (art. 2º, CLT), sobremodo quando contribui diretamente para o ato de interdição ou fechamento da empresa por parte da autoridade pública competente.

A respeito, Eduardo Antunes Parmeggiani apresenta as seguintes conclusões: "*a)* A intervenção de terceiros como prevista no CPC é incompatível com o processo trabalhista, eis que, em qualquer de suas modalidades, suscita litígios que são estranhos à estritamente delimitada competência da Justiça do Trabalho em razão da matéria; *b)* Além da incompatibilidade técnica, devem ser indeferidos quaisquer requerimentos de intervenção de terceiros no processo trabalhista também com a finalidade de preservar sua celeridade e simplicidade; *c)* A inadmissibilidade da intervenção de terceiros no processo trabalhista não obsta que o interessado promova ação autônoma perante o Juízo competente relativa à mesma matéria; *d)* Os terceiros com interesse jurídico em processo trabalhista em curso poderão nele ingressar como assistentes da parte que desejem ver vencedora (art. 50 do CPC)".[3]

Mas, a jurisprudência não é firme em aceitar a intervenção de terceiros no processo do trabalho, em nome do contraditório, da ampla defesa e da verdade dos fatos, onde se procura apurar a veracidade que se subsume ao litígio da maneira mais completa possível.

De qualquer forma, é indiscutível que a inadmissibilidade da intervenção de terceiros no processo do trabalho não obsta o interessado de promover ação autônoma perante o juízo competente.

Este cenário, no entanto, tende a se modificar por força da EC 45/2004, porquanto as relações de trabalho são da competência da Justiça do Trabalho, o que pode levar à admissão de algumas formas de intervenção de terceiros.

---

3. "Intervenção de Terceiros no Processo do Trabalho". *LTR* 55(11):1.349.

Capítulo VII
ATOS E TERMOS PROCESSUAIS

1. Atos processuais: 1.1 Definição, forma e características; 1.2 Classificação e comunicação dos atos e termos; 1.3 Auto, autos e ata; 1.4 Desistência da ação e do recurso. 2. Termos processuais. 3. Nulidades dos atos processuais. 4. Prazos processuais: 4.1 Conceito e classificação; 4.2 Princípios, prorrogação, suspensão e interrupção; 4.3 Contagem (art. 775, CLT); 4.4 A Fazenda Pública e o Ministério Público; 4.5 Preclusão, perempção, decadência e prescrição.

1. Atos processuais

1.1 Definição, forma e características

Os acontecimentos que criam, modificam ou extinguem direitos são chamados de "fatos jurídicos". Quando há participação da vontade humana (p. ex., nos contratos), eles se denominam "negócios jurídicos". Se ocorrerem no processo, chamam-se "atos processuais".

"Os atos e termos processuais não dependem de forma determinada senão quando a lei expressamente a exigir, reputando-se válidos os que, realizados de outro modo, lhe preencham a finalidade essencial" (art. 154, CPC). Praticado o ato processual (pelo juiz, pelas partes, pelos peritos, pelos funcionários, pelas testemunhas etc.), se formaliza. O processo trabalhista, em sua informalidade, também não exige muito: "Os atos e termos processuais poderão ser escritos à tinta, datilografados ou a carimbo" (art. 771, CLT).

Os atos processuais *não são isolados*, pois fazem parte de uma série contínua de outros, formando o complexo procedimental. Eles têm uma *finalidade*, a sentença, e objetivam atividades imediatas, que culminarão com a decisão final; são *interdependentes*, porque não isolados nem autônomos, mas coordenados, superpondo-se em *seqüência* uns aos outros. Estas são as suas características.

Serão públicos, exceto se o interesse social determinar o contrário, e realizar-se-ão nos dias úteis das 6 às 20 horas. A penhora poderá ocorrer em domingo ou feriado, com autorização expressa do juiz (art. 770, CLT).

Os atos e termos processuais que devam ser assinados pelos interessados, quando estes, por motivo justificado, não puderem fazê-lo, serão firmados a rogo, na presença de duas testemunhas, sempre que não houver procurador legalmente constituído (art. 772, CLT).

1.2 Classificação e comunicação dos atos e termos

Quanto ao sujeito que os pratica, os atos podem ser:

a) judiciais: emanados do juiz (a sentença, o despacho, o interrogatório etc.) – art. 162, CPC;

b) das partes: do autor ou do réu (a petição inicial, a defesa, os recursos etc.) – art. 158, CPC;

c) de terceiros: de funcionários ou outras pessoas que intervêm ou participam do processo (as diligências do oficial de justiça, a tradução do intérprete, a perícia dos peritos etc.) – art. 166, CPC.

Há, ainda, outras classificações:

a) postulatórios ou de iniciativa: que se destinam a instaurar a relação processual, como a petição inicial;

b) de desenvolvimento: que movimentam o processo, compreendendo os instrutórios (provas e alegações) e os ordenatórios (impulso, direção, formação); e

c) atos de conclusão: atos decisórios do juiz ou dispositivos das partes, como a renúncia, a transação e a desistência.

Os atos e termos devem ser comunicados às partes em língua vernácula (art. 156, CPC). Às vezes, a ciência é necessária a terceiros. Ela se dá pela citação e pela intimação, ambas denominadas notificação pela CLT, realizadas, em regra, pelo correio.

1.3 Auto, autos e ata

Auto é modalidade de termo processual. Peça escrita "por oficial público, que contém a narração formal, circunstanciada e autêntica de determinados atos judiciais, ou de processo. Lavra-se *auto* de penhora, flagrante, corpo de delito, arrecadação, arresto, seqüestro, inventário, partilha, arrolamento, arbitramento, busca e apreensão, tomada de contas, divisão, demarcação, vistoria, aprovação de testamento, arrematação etc.".[1] *Autos* é o conjunto de atos e termos; é o próprio corpo material do processo, a papelada. A *ata* consiste em narração circunstanciada do que se realizou, sendo espécie do gênero *termo*.

1.4 Desistência da ação e do recurso

Para o advogado desistir da ação é preciso ter poderes especiais outorgados pelo constituinte (art. 38, CPC). Ainda assim, decorrido o prazo para a resposta, a parte só poderá desistir da ação mediante o consentimento do réu (art. 267, § 4º, CPC). A desistência só produzirá efeitos após a homologação pela sentença (art. 158, par. ún., CPC). Não faz coisa julgada, portanto a ação poderá ser ajuizada outra vez. O desistente pagará as despesas processuais.

O recurso já interposto também poderá ser objeto de desistência pelo recorrente, independentemente da anuência do recorrido ou dos litisconsortes (art. 501, CPC). A parte poderá, também, renunciar ao direito de recorrer, haja ou não aquiescência da parte contrária (art. 502, CPC), manifestando seu desejo ao juiz antes de interpor o apelo.

2. Termos processuais

Termo é palavra de amplo significado. No campo processual, pode estar relacionado com o tempo, o prazo, classificando-se em *inicial* e *final*, como mais adiante estudaremos. Outro sentido é o de *documentação de um ato;* a redução por escrito de ato processual verbal, p. ex., termo de reclamação (verbal) – art. 840, § 2º, CLT.

---

1. Pedro Nunes, *Dicionário de Tecnologia Jurídica*, p. 112.

O que dissemos de ato processual aplica-se ao termo (formalização), sendo que este não carece de relatório ou exposição.

O *auto* refere-se a diversas atividades, que devem ser registradas, praticadas por qualquer um.

3. Nulidades dos atos processuais

A legislação indica formas como os atos devem ser praticados, cuja inobservância pode acarretar nulidade ou anulabilidade. A legislação indica, ainda, as autoridades e as pessoas que podem praticar os atos, nos momentos processuais adequados e perante quais pessoas.

Chamamos *anulável* o ato que, embora portador de vício, produz efeitos até o juiz, provocado, anulá-lo. Portanto, o ato anulável surte os efeitos e as conseqüências anteriores à decretação da nulidade.

São atos *nulos* os que desobedecem à forma prescrita em lei, os ilícitos ou os que tenham nascido de relação indiscutivelmente nula ou praticados por agente incapaz. No campo processual, p. ex., os atos praticados por autoridade incompetente (material ou em razão da pessoa) são absolutamente nulos. Normalmente, não surtem efeitos e, uma vez declarada a nulidade, as coisas devem voltar a seu *statu quo ante*, salvo quando isso for materialmente impossível.

O ato *relativamente nulo* (*anulável*) deve ter a nulidade argüida pelo interessado, podendo se convalidar ante uma circunstância superveniente que sane o vício. Já o *absolutamente nulo* porta vício insanável, e o juiz, de ofício, deve anulá-lo; embora a lei possa autorizar sua convalidação, em casos excepcionais. A nulidade absoluta pode ser argüida por qualquer interessado ou, ainda, pelo Ministério Público.

Inexistentes são aqueles atos que nem sequer nascem, por faltarem os pressupostos de fato, como o julgamento por quem não é juiz. Apesar de estes atos serem plenamente ineficazes, inferiores aos atos nulos, o legislador brasileiro não os distinguiu formalmente na classificação das nulidades. Preferiu estabelecer diferença apenas entre *nulos* e *anuláveis*.

Elencamos os quatro princípios basilares que norteiam o sistema das nulidades processuais:

a) Princípio da instrumentalidade – Embora praticado de outra forma, o ato será válido se tiver alcançado sua finalidade (art. 244, CPC). O processo trabalhista amplia-o.

b) Princípio da proteção – Para a anulação, é necessário que a argüição parta de quem não tenha provocado a nulidade, e que o ato não possa se repetir nem ser suprida sua falta (art. 796, CLT).

c) Princípio da convalidação – A argüição deve ser no momento apropriado, ou seja, na primeira oportunidade em que a parte tiver de falar nos autos ou em audiência, sob pena de o ato se tornar válido e sobrevir a preclusão (art. 795, CLT). Este princípio não alcança os atos absolutamente nulos, cuja nulidade pode ser invocada a qualquer momento, não se sujeitando à preclusão (art. 245, par. ún., CPC).

d) Princípio da transcendência – A nulidade requer prejuízo. Sem prejuízo às partes nem ao processo, não poderá ser anulado (art. 249, § 1º, CPC; art. 794, CLT). Tratando-se de ato absolutamente nulo, a nulidade independe do prejuízo, pois há interesse público subjacente à sua declaração, sendo a matéria, na verdade, de ordem pública.

O processo comum impõe formas inafastáveis sem as quais o ato será nulo: são as *nulidades cominadas*, inexistentes no processo trabalhista, que prima pela finalidade do ato e pelo informalismo. Mas o Juiz do Trabalho, de ofício, deve declarar a nulidade por incompetência de foro, sendo nulos os atos decisórios (art. 795, § 1º, CLT). Trata-se, aqui, de incompetência absoluta e não relativa. Dentre os muitos sentidos, *foro* significa, aí, *matéria* e *pessoa*, não *localidade*.

Concluímos, destarte, o seguinte, no processo do trabalho:

1) O Juiz e a lei esforçam-se pela validade dos atos e pelo seu aproveitamento (art. 798, CLT). Tanto que, decidindo pela nulidade, o magistrado indicará os atos atingidos (art. 797, CLT) e o nulo em parte não prejudicará os outros dele independentes (arts. 247 e 248, CPC).

2) As nulidades carecem de provocação das partes e deverão ser argüidas na primeira oportunidade (art. 795, CLT), preclusivamente, convalidando-se pelo consentimento tácito.

3) A nulidade só é declarada havendo prejuízo às partes.

4) Embora praticado de outra maneira, tendo atingido sua finalidade, o ato será considerado válido (art. 244, CPC).

4. Prazos processuais

4.1 Conceito e classificação

Prazo é o espaço de tempo em que o ato processual pode ser validamente praticado.

Quando estabelecidos pela lei, denominam-se *legais* (p. ex.: art. 652, CPC); *judiciais*, pelo juiz no processo (p. ex.: art. 203, CPC – carta precatória); *convencionais*, os ajustados por acordo das partes (p. ex.: art. 265, II e § 3º, CPC – suspensão do processo). Quanto à natureza, classificam-se em *dilatórios*: ampliáveis pelo juiz, e modificáveis por convenção das partes, embora em lei estabelecidos (art. 181, CPC – p. ex.: juntada de documentos, arrolamento de testemunhas); e *peremptórios*: inalteráveis, mas ampliáveis em ocasiões de calamidade pública e de dificuldade de transporte (p. ex.: para contestar, responder, recorrer etc.).

Os momentos que assinalam o seu começo e o seu fim chamam-se *termos*, que se dizem inicial (*dies a quo*) e final (*dies ad quem*).

4.2 Princípios, prorrogação, suspensão e interrupção

Os princípios fundamentais que norteiam os prazos são:

a) Da continuidade – Iniciado o processo, o prazo prossegue ininterruptamente, salvo por motivo excepcional;

b) Da peremptoriedade – O ato só é válido se realizado no interregno estabelecido, que, via de regra, não se suspende. Isto porque cada ato possui um momento processual adequado para ser praticado, sob pena de preclusão.

c) Da paridade de tratamento – Para atos idênticos devem ser concedidos prazos também idênticos às partes. É aplicação do princípio constitucional da igualdade de tratamento (art. 5º, CF) no campo processual, pois as partes não podem ser tratadas diferentemente.

d) Da brevidade – Aconselha o menor interregno possível para o processo desenvolver-se e encerrar-se, sem prejuízo da segurança e da *utilidade que ele deve ter*. Por outro lado, o tempo deve ser o necessário, suficiente para a prática do ato; breve, mas o bastante.

Prorrogam-se os prazos para o primeiro dia útil se se vencerem em sábados, domingos ou feriados. Os *dilatórios* podem ser reduzidos ou prorrogados pelas partes, de comum acordo, fundando-se em motivo legítimo, devendo o requerimento ocorrer antes do vencimento do prazo (art. 181, CPC), cujo novo vencimento será fixado pelo juiz (§ 1º do art. 181). A prorrogação também pode ocorrer em virtude de obstáculo judicial (impedimento do juiz, falta de serventuário etc.).

Casos de suspensão do prazo são os do art. 265, CPC (falecimento da parte ou de seu procurador) e as férias forenses (art. 179, CPC). Na *suspensão*, a contagem reinicia-se de onde parara, aproveitando-se o período transcorrido. Já na *interrupção* não se aproveita o tempo transcorrido; reinicia-se tudo novamente, após a causa interruptiva. Tem-se, portanto, que o ajuizamento de ação trabalhista interrompe o prazo da prescrição (art. 219, CPC); e a oposição de embargos declaratórios à decisão do juiz interrompe o prazo para a interposição de outros recursos, por qualquer das partes (art. 538, CPC).

4.3 Contagem (art. 775, CLT)

Na contagem dos prazos, exclui-se o dia da notificação e inclui-se o do vencimento. Se o dia seguinte à notificação não for útil, inicia-se o prazo no primeiro dia útil subseqüente (Enunciado n. 1-TST). No processo do trabalho, "presume-se recebida a notificação 48 horas depois de sua postagem" (Enunciado 16-TST). Trata-se de presunção, admitindo prova em contrário. Não é da juntada da notificação aos autos que tem início o prazo, mas da sua *ciência* pelo destinatário.

Os prazos são contínuos e não releváveis, mas podem ser prorrogados pelo tempo necessário pelo juiz ou tribunal ou em virtude de comprovada força maior. Os prazos que se vencerem em sábado, domingo ou feriado, terminarão no primeiro dia útil seguinte.

Há vários prazos, segundo a complexidade do ato. Uns, são definidos pela legislação; outros, pelo juiz; e, outros, pelas partes. No silêncio, a regra geral é de 5 dias para a prática do ato (art. 185, CPC).

Saliente-se, ainda, que não se destinam unicamente às partes, mas ao próprio juiz e aos serventuários. O magistrado, como dirigente do processo, fiscaliza a observância dos prazos pelos funcionários (art. 193, CPC), apurando a falta; e as partes fiscalizam o juiz, podendo representá-lo ao Presidente do Tribunal (art. 198, CPC).

4.4 A Fazenda Pública e o Ministério Público

As entidades estatais (União, Estado, Município, DF, autarquias e fundações de Direito público), que não explorem atividade econômica, gozam do prazo em quádruplo para defesa (portanto, 20 dias) e em dobro para recurso (Dec.-lei n. 779/1969). Tais disposições se aplicam, também, ao Ministério Público (art. 188, CPC).

4.5 Preclusão, perempção, decadência e prescrição

A preclusão, a perempção, a decadência e a prescrição relacionam-se com a prática de ato no interregno assinalado. Isto, contudo, não é suficiente para confundi-las. Enquanto as duas últimas são de direito material as duas primeiras são de Direito Processual.

A *prescrição* (extintiva) é a perda do direito de *ação*, pela inatividade do interessado no prazo prefixado pela lei, podendo ser renunciada, suspensa e interrompida. Não mata o direito em si, pois subsiste a obrigação natural, ética, a qual, se prestada, não poderá mais ser reclamada. O pagamento do débito prescrito consuma-se, descabendo restituição. A *decadência* extingue o próprio direito material; não comporta suspensão, interrupção nem renúncia. Assim, os prazos indicados pela lei para que o interessado ajuíze ação judicial são prescricionais.[2] Quando a norma estabelece prazo para o exercício de um direito material, sua natureza é decadencial.

A *preclusão* e a *perempção* são de ordem processual, isto é, ocorrem no processo. A *perempção* é a suspensão de um Direito Processual em face da má utilização de uma faculdade processual ou da inércia injustificada do interessado em praticar determinado ato no prazo definido. Tem caráter punitivo (sanção), pela desídia ou má-fé do litigante. Exatamente por ser *sanção,* não a conceituamos como a *perda, a extinção* ou a *morte* de um Direito Processual, porquanto o Direito brasileiro não acata sanções eternas ou perpétuas. Na CLT

---

2. Esta regra não é absoluta, pois certas ações possuem prazo decadencial, p. ex., a ação rescisória (2 anos do trânsito em julgado da sentença – art. 495, CPC), o mandado de segurança (120 dias, contados da ciência do interessado do ato ofensivo ao seu direito líquido e certo – Lei n. 1.533/1951, art. 18) e o inquérito judicial para apuração de falta grave (30 dias, contados da suspensão do obreiro pelo empregador – art. 853, CLT).

(art. 731), aquele que, tendo apresentado reclamação verbal, não se apresentar, dentro de 5 dias, à Vara para reduzi-la a termo, perderá o direito de demandar na Justiça do Trabalho por 6 meses. Na mesma pena incorre o reclamante que, por não comparecer à audiência trabalhista (sessão inaugural), causar dois arquivamentos seguidos (art. 732, CLT).

A *preclusão* consiste na perda, extinção ou consumação de uma faculdade processual pela não concretização do ato, pelo seu não exercício na oportunidade própria ou pela incompatibilidade para com outros atos praticados pelo litigante. Não é sanção. Diz-se *temporal*, quando decorrer o prazo prefixado, sem a prática do ato (p. ex.: recurso extemporâneo); *consumativa*, se o ato já tiver se realizado (p. ex.: interposição de um recurso após interposto outro de idêntica índole e mesmos objetivos); *lógica*, quando a prática de outro ato impossibilita a do que deveria se dar, sendo ambos incompatíveis (p. ex.: a desistência da reclamação prejudica a interposição do recurso). A preclusão, portanto, por referir-se a *atividade facultativa* da parte, não é de ordem *sancional*, ao contrário da perempção.

Capítulo VIII
DAS PROVAS

1. Da prova. Ônus de provar (arts. 818, CLT, e 333, CPC). 2. Necessidade de provar. 3. Meios de prova: 3.1 Prova documental; 3.2 Prova testemunhal; 3.3 Prova pericial; 3.4 Depoimento pessoal. Confissão; 3.5 Inquérito civil público e procedimentos investigatórios; 3.6 Outros meios de prova.

1. Da prova. Ônus de provar (arts. 818, CLT, e 333, CPC)

Provas são instrumentos destinados a formar o convencimento do juiz sobre a matéria em litígio. O *direito à prova* é direito fundamental, relevantíssimo para o processo, sendo o instrumento hábil para demonstrar a correlação entre o sujeito e o direito subjetivo pleiteado em juízo, a violação do bem ou a ameaça ao direito, bem como a veracidade das afirmações dos litigantes.

A validade da prova depende de sua submissão ao contraditório, com oportunidade de defesa pela parte por ela afetada, feita perante o juiz natural e de modo lícito (art. 5º, LVI, CF). A aplicação do princípio constitucional do contraditório, em matéria de prova, implica em que esta só terá validade se produzida perante aquele que suportará seus efeitos, com a possibilidade de contrariá-la por todas as formas admissíveis.

Todos os meios legais e os moralmente legítimos, ainda que não arrolados no CPC ou na CLT, são hábeis para provar os fatos em que se funda o pedido ou a defesa (art. 332, CPC). Podem ser documentos, perícias, vistorias, depoimentos das partes e de testemunhas etc.

O legislador criou um sistema de distribuição do ônus da prova, conforme os interesses das partes. Destarte, o ônus de provar é de quem alega. Incumbe ao autor provar os fatos constitutivos do seu direito; ao réu, os fatos extintivos, modificativos e impeditivos (art. 333, CPC). Pela CLT, a prova das alegações incumbe à parte que as fizer (art. 818).

A par das preceituações *supra*, entretanto, no processo do trabalho, nem sempre o *onus probandi* é de quem alega, mas de quem tem meios para provar (o empregador), disto resultando uma certa inversão da incumbência probatória. De fato, é natural que o empregador possua mais elementos e condições de provar ocorrências da relação de trabalho. É ele quem possui recibos de pagamento salarial e de férias, registros de empregados, comprovantes de horas extras, cartões de ponto, notificação de aviso prévio, documentos referentes à aplicação de punição disciplinar, documentos inerentes ao histórico do empregado na empresa etc.

DISTRIBUIÇÃO DO ÔNUS DA PROVA	
Compete ao trabalhador provar que	**Compete ao empregador provar que**
• prestou serviços, de qualquer natureza ao empregador	• não houve subordinação, se reconhecida a existência do trabalho
• o contrato terminou	• houve justa causa para a ruptura contratual
• trabalhou em ambiente prejudicial ou que punha em risco a sua vida	• a) Pagou os adicionais; • b) Disponibilizou os EPI. **Obs.**: Se apenas negar a periculosidade e a insalubridade do trabalho, nada terá a provar;
• trabalhou extraordinariamente em domingos, feriados, à noite e durante o período de férias	• pagou a remuneração e os adicionais devidos, se reconhecer o serviço nestas condições
• houve efetivamente o vínculo empregatício e os créditos trabalhistas não foram devidamente pagos	• efetuou todos os pagamentos (aviso prévio, férias, 13º salário, salários, abonos, reajustes, etc.), que cumpriu o acordado em negociações coletivas, que os salários e as verbas rescisórias foram pagos no prazo legal (arts. 459, § 1º, e 477, § 6º, CLT), etc.
• trabalhou em atividade anormal (quanto ao ambiente, à duração e à circunstância)	• houve o ressarcimento ou as compensações, se reconhecer o labor anormal

Ninguém se exime de colaborar com a Justiça (art. 339, CPC). Tanto assim, compete ao terceiro: 1) informar ao juiz os fatos e as circunstâncias de que tenha conhecimento; 2) exibir coisa ou documento que esteja em seu poder (art. 341, CPC). Os arts. 360 a 362, CPC, disciplinam com mais vagar este dever de todo cidadão.

2. Necessidade de provar

A necessidade da prova está em esclarecer os fatos, motivo pelo qual as partes se esmeram em evidenciar aquilo que servem como fundamento de seus pedidos. Ademais disso, o magistrado só pode decidir segundo as provas dos autos, quer venham elas por intermédio dos próprios litigantes, quer por qualquer outro meio lícito.

Não se prova o desnecessário. Daí dispensarem a prova dos fatos: 1) notórios; 2) afirmados por uma parte e confessados pela outra; 3) admitidos, no processo, como incontroversos; 4) em cujo favor milita presunção legal de existência ou de veracidade (art. 334, CPC).

É dever do juiz conhecer as leis, as quais, portanto, não carecem de prova. Contudo, as municipais, estaduais, estrangeiras e consuetudinárias devem ser provadas se o juiz o exigir (art. 337, CPC), bem como as normas coletivas, resultem estas de contratos ou de sentença normativa. O mesmo se diga do regulamento de empresa, do quadro de pessoal organizado em carreira e do estatuto das pessoas jurídicas.

Além disso, só os fatos possíveis e que interessem ao processo podem ser objeto de prova. Urge a pertinência entre o fato e a prova, devendo ser indeferidas as provas protelatórias.

Para que seja plenamente válida, a prova há de ser produzida sem vício e submetida ao juiz, sob contraditório. As provas produzidas extrajudicialmente admitem discussão no Judiciário, porquanto é neste que se assegura o devido processo legal, o contraditório, a ampla defesa e o direito à contraprova. Mesmo tendo origem em processo formal, a prova é questionável na via judicial, por força do *princípio da inafastabilidade do controle jurisdicional* (art. 5º, XXXV, CF).

Se a prova não puder ser colhida pelo juízo perante o qual corra a ação, por se encontrar em localidade sujeita à competência territorial de outra Vara, caberá a *carta precatória*, mediante a qual o juiz da demanda solicitará ao outro que colete a prova. Isto é muito comum quando se trata de testemunha domiciliada noutra cidade. Cumprida a diligência, a carta será devolvida à Vara de origem, contendo a prova, o depoimento ou justificando a impossibilidade de colhê-los.

No Direito Processual do Trabalho não há hierarquia entre os meios de prova. Cabe ao Juiz do Trabalho apreciar todas as provas produzidas e sopesar a que seja mais verossímil.

3. Meios de prova

3.1 Prova documental

A prova documental ainda hoje é apontada como um dos meios mais convincentes e fidedignos, pois formaliza atos, atesta ocorrências e consolida vontades, garantindo uma segurança considerável.

O documento será aceito somente no original, autenticado ou conferido com o original pelo juiz ou Tribunal (art. 830, CLT). O Precedente Normativo n. 36-SDI-1/TST admite a validade por cópia simples de instrumento de acordo ou convenção coletiva de trabalho, cujo conteúdo não foi impugnado. Isto, no entanto, não impede sejam levantados incidentes como o de falsidade (art. 390, CPC). São válidos os documentos apresentados por pessoa jurídica de direito público em fotocópia não autenticada, de acordo com a MP 1.360/1996 e suas reedições (Precedente Normativo n. 134-SDI-1/TST).

Pode-se anexar documento ao processo durante toda a fase instrutória. A regra disposta no art. 852-H, CLT,[1] deve ser vista sem os exageros que sugere. Sua aplicação rigorosa pode comprometer a Justiça e o Direito Constitucional ao contraditório e à ampla defesa.

Sempre que uma parte juntar documento aos autos, o juiz ouvirá a outra, em 5 dias (art. 398, CPC). Não havendo impugnação no prazo assinalado pelo juiz, presume-se verdadeiro o documento, inclusive quanto ao substrato material que veicula, exceto se o contrário se inferir do conjunto das demais provas. A impugnação deve ser minuciosa e específica, de forma a atacar cada fato a que se reporta, mostrando ao juiz o descompasso com a realidade e indicando cada folha dos autos pertinente ao alegado. Desvalem impugnações genéricas.

---

1. CLT: "Art. 852-H. Todas as provas serão produzidas na audiência de instrução e julgamento, ainda que não requeridas previamente. § 1º. Sobre os documentos apresentados por uma das partes manifestar-se-á imediatamente a parte contrária, sem interrupção da audiência, salvo absoluta impossibilidade, a critério do juiz".

"As anotações apostas pelo empregador na Carteira Profissional do empregado não geram presunção *juris et de jure*, mas apenas *juris tantum*" (Enunciado n. 12-TST).

O juiz poderá determinar que a parte ou o terceiro exiba documento ou coisa que se ache em seu poder (arts. 355 e 360, CPC). A recusa injustificada acarreta presunção favorável à parte contrária. A propósito, veja-se o Enunciado n. 338-TST: "É ônus do empregador que conta com mais de 10 (dez) empregados o registro da jornada de trabalho na forma do art. 74, § 2º, da CLT. A não apresentação injustificada dos controles de freqüência gera presunção relativa de veracidade da jornada de trabalho, a qual pode ser elidida por prova em contrário".

3.2 Prova testemunhal

A priori, qualquer pessoa pode funcionar como testemunha. Porém, o art. 405, CPC, excepciona:

a) os incapazes – o interdito por demência; o que, acometido por enfermidade ou debilidade mental, ao tempo em que ocorreram os fatos, não podia discerni-los, ou, ao tempo em que deve depor, não está habilitado a transmitir as percepções; o menor de 16 anos; o cego e o surdo, quando a ciência do fato depender dos sentidos que lhes faltam;

b) os impedidos – o cônjuge, bem como o ascendente e o descendente em qualquer grau ou colateral, até o terceiro grau, de alguma das partes, por consangüinidade ou afinidade, salvo se o exigir o interesse público, ou, tratando-se de causa relativa ao estado de pessoa, não se puder obter de outro modo a prova, que o juiz repute necessária ao julgamento do mérito; o que é parte na causa; o que intervém em nome de uma parte, como o tutor na causa do menor, o representante legal da pessoa jurídica, o juiz, o advogado e outros, que assistam ou tenham assistido as partes; e

c) os suspeitos – o condenado por crime de falso testemunho, havendo transitado em julgado a sentença; o que, por seus costumes, não for digno de fé; o inimigo capital da parte ou o seu amigo íntimo; e o que tiver interesse no litígio.

Sendo estritamente necessário, o juiz ouvirá testemunhas impedidas ou suspeitas; mas os seus depoimentos serão prestados independentemente de compromisso e o juiz lhes atribuirá o valor que possam merecer (art. 405, § 4º, CPC). São os chamados *meros informantes*. A regra é corroborada pelo art. 829, CLT.

Havendo impedimento, suspeição ou incapacidade, cabe contradita, que é o meio pelo qual a parte procura afastar o testemunho do processo (art. 414, § 1º, CPC). Toda vez que uma parte alegar contradita, antes de tomado o compromisso legal (sob pena de preclusão), a outra parte a impugnará. Então, o juiz ouvirá a testemunha e decidirá se a acata ou não, podendo haver breve instrução para esclarecimento dos fatos.

A rigor, a capacidade para depor como testemunha inicia-se aos 18 anos.

Não constitui obstáculo à testemunha o fato de ela litigar com a empresa em outra ação (Enunciado n. 357-TST; Precedente Normativo n. 77-SDI/TST).

Toda testemunha, antes de prestar o compromisso legal, será qualificada, indicando o nome, nacionalidade, profissão, idade, residência e, quando empregada, o tempo de serviço prestado ao empregador, ficando sujeita, em caso de falsidade, à lei penal (art. 828, CLT; art. 342, CP). Quando o crime de falso testemunho é prestado perante Juiz do Trabalho ou autoridade federal, a competência para processá-lo e julgá-lo é da Justiça Federal (Súmula n. 165-STJ), sendo titular da ação penal a Procuradoria da República.

Podem ser apresentadas até 3 testemunhas por cada parte (no inquérito judicial para apuração de falta grave, este número é elevado para 6 e, no procedimento sumaríssimo, é reduzido a 2). Mas o juiz pode ouvir outras pessoas para esclarecer os fatos (informantes).

Não é necessário o rol prévio de testemunha. As partes podem levar suas testemunhas, espontaneamente, ou pedir sua notificação. Notificada e ausente à audiência, será a testemunha conduzida coercitivamente, além de incidir na multa prevista pelo art. 730, c/c art. 825, CLT. No procedimento sumaríssimo, "só será deferida intimação de testemunha que, comprovadamente convidada, deixar de comparecer. Não comparecendo a testemunha intimada, o juiz poderá determinar sua imediata condução coercitiva" (art. 852-H, § 3º, CLT).

A falta da testemunha ao serviço não autoriza desconto na sua remuneração pelos dias em que compareceu a juízo (arts. 822 e 473, VIII, CLT; e art. 419, CPC).

As testemunhas que ainda não depuseram não podem ouvir o depoimento da outra (art. 824, CLT; e art. 413, CPC). Por força do art. 413, CPC, o juiz inquirirá as testemunhas separada e sucessivamente; primeiro as do autor e depois as do réu, impedindo que uma ouça o depoimento da outra. O juiz interrogará a testemunha sobre os fatos articulados, cabendo, primeiro à parte que a arrolou e, depois, à parte contrária formular perguntas, por intermédio do juiz (art. 820, CLT), tendentes a esclarecer ou completar o depoimento (art. 416, CPC). Os depoimentos serão registrados na ata de audiência, mas, no rito sumaríssimo, somente as informações úteis à solução da causa trazidas pela testemunha é que ensejarão registro (art. 852-F, CLT).

Se, em seu depoimento, as testemunhas divergirem entre si, o juiz poderá acareá-las sobre fato determinado ou útil ao processo.

Em princípio, as provas devem ser produzidas em audiência (art. 336, CPC), perante o juiz da instrução. Todavia, não sendo possível, a prova poderá ser colhida em outro juízo, através de *carta precatória* ou *carta rogatória*, conforme o caso (art. 338, CPC). Destarte, estando a testemunha em localidade de jurisdição territorial fora do limite de competência da Vara onde foi ajuizada a reclamação, o juízo da instrução expedirá carta precatória (ou rogatória, se em outro país), para colher o depoimento testemunhal.

3.3 *Prova pericial*

A prova pericial consiste na averiguação técnica de fatos e circunstâncias por profissional competente. Sua finalidade é suprir a carência de conhecimentos técnicos do juiz sobre certas matérias.

Preceitua o art. 420, CPC, que "a prova pericial consiste em exame, vistoria ou avaliação". O *exame* é inspeção sobre coisas, pessoas ou documentos, para verificação de qualquer fato ou circunstância que tenha interesse para a solução do litígio. *Vistoria* é a mesma inspeção, quando realizada sobre bens *imóveis*. E *avaliação* ou *arbitramento* é a apuração de valor, em dinheiro, de coisas, direitos ou obrigações em litígio (Humberto Theodoro Jr.).

A perícia trabalhista é comum nos processos que envolvem adicionais de periculosidade e de insalubridade, oportunidade nas quais tem se sustentado ser obrigatória. É realizada por perito único, designado pelo juiz; mas permite-se a cada parte indicar um assistente técnico, o qual não prestará compromisso e apresentará parecer independentemente de intimação, no mesmo prazo assinalado ao perito pelo juiz (art. 433, CPC; art. 3º, par. ún., Lei n. 5.584/1970).

A indicação de assistente técnico e a apresentação de quesitos pelas partes podem ser feitas no prazo de 5 dias. O perito tem o prazo legal de 5 dias para escusar-se, alegando motivo legítimo; em não comparecendo nem apresentando escusa justificada no prazo assinalado, o juiz o substituirá, impondo-lhe multa, "tendo em vista o valor da causa e o possível prejuízo decorrente do atraso no processo", e comunicando a ocorrência à corporação profissional respectiva (art. 424, par. ún., CPC).

Apresentado o laudo no prazo assinalado pelo juiz, intimam-se as partes para sobre ele se manifestarem no prazo legal. Cabível nessa oportunidade esclarecimento complementar pelo perito, a pedido das partes ou *ex officio* pelo juiz.

O laudo pericial e os pareceres técnicos não vinculam o julgador, o qual analisará todo o instrumental probante, livremente, embora estando obrigado a indicar, na sentença, os motivos de sua convicção (art. 131, CPC) – princípio *da persuasão racional da prova*.

Os honorários periciais serão pagos por quem perder a pretensão objeto da perícia, salvo se beneficiário da justiça gratuita (art. 790-B, CLT). Os honorários do assistente técnico serão pagos por quem requereu a perícia, ainda que vencedor no objeto da perícia (Enunciado 341-TST).

Quanto ao procedimento sumaríssimo, preceitua o art. 852-H, CLT: "§ 4º. Somente quando a prova do fato o exigir, ou for legalmente imposta, será deferida prova técnica, incumbindo ao juiz, desde logo, fixar o prazo, o objeto da perícia e nomear perito". E o § 6º, do mesmo dispositivo, acrescenta: "As partes serão intimadas a manifestar-se sobre o laudo, no prazo comum de 5 (cinco) dias". No mais, aplicam-se-lhe as disposições previstas para o rito comum, no que forem compatíveis.

3.4 Depoimento pessoal. Confissão

O depoimento pessoal é o interrogatório feito pelo juiz ao autor e ao réu pessoalmente. A parte que ainda não depôs não pode assistir ao depoimento da outra (art. 344, par. ún., CPC), mas a jurisprudência afasta a incidência desse preceito quando a parte estiver no exercício do *jus postulandi*. Isto porque ela, ante a garantia constitucional do *devido processo legal*, tem o direito de formular perguntas, através do juiz, ao oponente. "A parte será interrogada na forma prescrita para a inquirição de testemunhas" (art. 344, CPC).

Pela ordem, o juiz-presidente interrogará primeiro o reclamante e, em seguida, o reclamado, fazendo constar em ata o depoimento. A parte que ainda não depôs retirar-se-á da audiência e aguardará, fora da sala, a sua vez, permanecendo, contudo, o seu advogado, se tiver.

Em qualquer estado do processo, o juiz pode ouvir a parte (art. 342, CPC) ou interrogá-la novamente. Quando o magistrado não o determinar *ex officio*, incumbe a cada parte requerer o depoimento pessoal da outra, a fim de interrogá-la na audiência de instrução (art. 343, CPC).

Do depoimento pessoal pode decorrer a confissão parcial (relativa a certas alegações apenas) ou total, plena (de todas as imputações). Os fatos relativos a direitos indisponíveis não poderão ser confessados (art. 351, CPC). Diz-se confissão *expressa* quando o depoente assevera verbalmente o que lhe é imputado. *Ficta* é a confissão resultante da recusa em depor ou de ausência injustificada à etapa deponencial, após intimação específica, na qual fique a parte advertida dessa cominação (art. 343, § 2º, CPC; e Enunciado 74-TST).

A confissão judicial dispensa o prosseguimento da instrução. A *ficta* será analisada no conjunto das provas dos autos; a *expressa* valerá por si só, constituindo-se na maior de todas as provas judiciais.

3.5 Inquérito civil público e procedimentos investigatórios

O inquérito civil público (ICP), previsto no art. 129, III, CF, é procedimento administrativo, extrajudicial, presidido por membro do Ministério Público, com caráter investigativo. Diferentemente do inquérito policial, conduzido pelo delegado de polícia, o ICP é feito diretamente pelo *Parquet*. Sua finalidade é apurar denúncias e, constatada a sua veracidade, instruir futura ação judicial, que pode se constituir em ação civil pública, ação civil coletiva ou qualquer outra modalidade de demanda necessária à defesa dos interesses defensáveis pelo órgão ministerial. O ICP não é peça essencial à demanda, porque se o Ministério Público já dispuser de elementos comprobatórios suficientes para o ajuizamento da ação, poderá ajuizá-la imediatamente. A fase investigativa é feita inquisitorialmente, sem o amplo contraditório.

O art. 8º, LC n. 75/1993, prevê os poderes do Ministério Público da União no exercício de suas atribuições, nos procedimentos de sua competência (requisições em geral, acesso a dados e repartições, notificações, condução coercitiva de testemunhas etc.).

Como ramo do MPU, o Ministério Público do Trabalho poderá instaurar ICP e outros procedimentos investigatórios visando a instruir ação trabalhista coletiva para a defesa dos interesses sociais (coletivos, difusos e individuais homogêneos) e individuais indisponíveis, sobretudo em benefício de menores, incapazes e índios (arts. 83 e 84, LC n. 75/1993). Neste mister, poderá requisitar à autoridade do Ministério do Trabalho (MTb, DRT e SubDRT) procedimentos fiscalizatórios; requisitar perícias, auxílio de força policial, sempre que preciso, e informações a quaisquer órgãos.

Ao final da apuração, o presidente do ICP (ou do procedimento investigatório) elaborará relatório conclusivo, narrando os principais atos da investigação e apontando as conclusões finais, que podem consistir em *arquivamento* ou em *ajuizamento da ação*. Se o denunciado comprometer-se perante o MP a sanar a ilegalidade, será elaborado termo de ajustamento de conduta (TAC), contendo todas as condições do compromisso assumido e as conseqüências no caso de descumprimento, sobretudo multa reversível a fundo próprio (FAT). O TAC é título executivo extrajudicial (art. 5º, § 6º, Lei n. 7.347/1985; art. 585, II, CPC; e art. 876, CLT).

3.6 Outros meios de prova

Além desses meios de prova, existem inúmeros outros, a teor da amplitude do art. 332, CPC (fotografias, vídeos, jornais, fitas cassetes, gravações em geral, instrumentos de alta tecnologia etc.). São, no entanto, ainda de pouca aplicação prática.

A *prova emprestada* atende aos princípios da celeridade e da economia processuais. *Prova emprestada* é aquela produzida para gerar efeitos num processo, sendo depois transportada documentalmente para outro, visando a gerar efeitos, portanto, em processo distinto. A prova emprestada é compatível com o processo do trabalho, em face dos seus princípios e da sua simplificação. O exemplo mais comum é o da perícia (em casos de insalubridade ou periculosidade), na qual uma das partes ou ambas aproveitam a prova técnica feita anteriormente em outros autos em que figurou a mesma empresa, pertinente à atividade desempenhada em determinado setor.

O processo do trabalho aceita, ainda, a *vistoria* e a *inspeção* (arts. 440 a 443, CPC). Todavia, não se tem utilizado com freqüência essas modalidades de provas, apesar de sua importância.

Na linguagem processual, a *inspeção* judicial é a verificação ocular, feita pessoalmente pelo juiz, de pessoas ou coisas, a fim de esclarecer fatos que interessem à decisão da causa (art. 440, CPC). Nesta atividade, o magistrado poderá ser assistido por um ou mais peritos. É assegurado às partes assistir à inspeção, esclarecendo e observando o que reputem de interesse para a causa.

A *vistoria*, por sua vez, apesar de freqüentemente identificada com a inspeção, com esta não se confunde. A vistoria, na realidade, é modalidade de perícia,[2] relacionada com verificação de imóveis em geral (terrenos, prédios etc.).

---

2. CPC: "Art. 420. A prova pericial consiste em exame, vistoria ou avaliação".

Capítulo IX
AÇÕES CABÍVEIS NO PROCESSO DO TRABALHO

1. Introdução. 2. Ação de consignação em pagamento (arts. 334 a 345, CC, e 890 a 900, CPC). 3. Ação rescisória (arts. 485, CPC, e 836, CLT). 4. Mandado de segurança (art. 5º, LXIX e LXX, CF; Lei n. 1.533/1951). 5. Ação monitória (arts. 1.102-A a 1.102-C, CPC). 6. Ação civil pública (art. 129, III, CF; Lei n. 7.347/1985 – Lei da Ação Civil Pública). 7. Outras ações.

1. Introdução

Embora a ação básica ajuizada na Justiça do Trabalho seja a *reclamação trabalhista*, movida pelo trabalhador contra o empregador ou o tomador do serviço, outras ações podem ser manejadas na mesma Justiça. Algumas delas por força da própria CLT, como o inquérito judicial para apuração de falta grave, a ação rescisória, o dissídio coletivo e a ação de execução. Outras ações, no entanto, passaram a fazer parte da rotina trabalhista, em face da necessidade da eficácia da Justiça nas relações laborais, considerando os fins dos direitos sociais e as peculiaridades da jurisdição do trabalho.

A maioria destas ações foram importadas do sistema processual, como um todo, da CF ou diretamente do processo civil. Algumas já adquiriram ampla aceitação no processo do trabalho (p. ex.: ação de consignação em pagamento e ação cautelar); outras, porém, ainda desafiam o conservadorismo de alguns operadores, tanto no que concerne ao cabimento da ação, em si, quanto no referente ao seu rito, peculiaridades e compatibilidades com o processo trabalhista.

Veremos, a seguir, as ações mais usuais na Justiça do Trabalho.

2. Ação de consignação em pagamento (arts. 334 a 345, CC, e 890 a 900, CPC)

A consignação em pagamento é forma de extinção das obrigações. A ação de consignação é movida pelo devedor contra o credor, com o fito de livrar-se dos efeitos 'da mora no pagamento das verbas trabalhistas (p. ex.: a multa do art. 477, § 8º, CLT) e dos juros respectivos.

Sempre que o empregado se recusar a receber salários, valores de rescisão ou parcelas pendentes, o empregador poderá providenciar a consignação. Também poderá a empresa, para se livrar do pagamento em dobro (art. 137, CLT), adotar o mesmo procedimento na hipótese de o trabalhador se recusar a gozar e receber férias prestes a vencer.

Se o trabalhador receber valor a maior ou quantia em nome da empresa, poderá ajuizar ação de consignação, para evitar a acusação de improbidade (art. 482, a, da CLT).

E Wagner Giglio, com argúcia, arrola os mais freqüentes casos de consignação em pagamento: "1) quando o empregado, sem motivo justo, se recusar a receber o pagamento do salário, ou das verbas decorrentes da rescisão contratual, ou a dar a respectiva quitação (C. Civil, art. 973, n. I); 2) quando empregado deixa de comparecer ao local de trabalho (CLT, art. 465) para receber seus salários, ou ao sindicato ou 'autoridade do Ministério do Trabalho' (CLT, art. 477, § 1º) para homologar a rescisão contratual (C. Civil, idem, n. II); 3) quando o empregado for declarado ausente, ou falecer deixando saldo de salário e seus herdeiros forem desconhecidos (idem, III); 4) quando, embora conhecidos, houver litígio entre os herdeiros do empregado falecido sobre o direito ao saldo de salário (idem, n. IV); 5) quando houver litígio entre o empregado e pessoa que seja seu credor por alimentos (idem, n. V); 6) quando o empregado se tornar legalmente incapaz (idem, n. VI).

"Nas hipóteses sub 1, 2 e 6, o empregado será notificado para vir receber, em juízo, o pagamento oferecido; na hipótese sub 3, os herdeiros serão notificados por edital, para o mesmo fim; nas hipóteses *sub* 4 e 5, os herdeiros ou o alimentado serão notificados para provar seu direito (C. Civil, art. 975)."[1]

Os arts. 890 e ss., CPC, apresentam procedimento extrajudicial para o depósito em consignação. Nessa parte, a norma tem natureza de *direito material*, e não propriamente processual.

Afigura-se-nos não de todo compatível com o processo do trabalho a regra insculpida no art. 890, § 1º, CPC, ao dispor: "Tratando-se de obrigação em dinheiro, poderá o devedor ou terceiro optar pelo depósito da quantia devida, em estabelecimento bancário oficial, onde houver, situado no lugar do pagamento, em conta com correção monetária, cientificando-se o credor por carta com aviso de recepção, assinado o prazo de 10 (dez) dias para a manifestação da recusa". Tal recusa será manifestada por escrito ao estabelecimento bancário (§ 3º). No entanto, no processo trabalhista ela pode muito bem ser feita verbalmente. Será necessário, então, o registro bancário dos termos da oposição, através de funcionário encarregado de fazê-lo.

Infere-se, todavia, que o depósito extrajudicial, em estabelecimento bancário, não constitui medida *preparatória* obrigatória à ação de consignação, senão mera *faculdade* do devedor, sem prejuízo, portanto, de ingressar diretamente com a demanda perante o Poder Judiciário.

Constituirá entrave ao depósito bancário da quantia liberatória pelo empregador o fato de o empregado ser estável ou contar com mais de 1 ano de serviço, para o que se exigirá homologação com a devida assistência da entidade sindical ou do órgão do Ministério do Trabalho (art. 477, § 1º, CLT).

O depósito só liberará o credor dos *valores* que de fato depositar em banco, em vez de liberá-lo de toda a *obrigação*. Nestes termos, devem ser entendidos os dispositivos do CPC referentes à liberação da *obrigação* por parte do credor (p. ex.: art. 890, § 2º, CPC).

Além disso, o depósito bancário feito pelo empregador necessariamente deverá especificar as parcelas que são objeto do pagamento, relacionando-as aos respectivos valores, para que, observados os demais requisitos, surta efeitos liberatórios. Isto porque nosso ordenamento laboral não permite o pagamento de verbas globalizadas,

---

1. Giglio. *Direito Processual do Trabalho*, p. 322.

urgindo a especificação, uma a uma, a exemplo do vedado *salário complessivo* (Enunciado n. 91-TST).

Judicialmente, na petição inicial, o autor requererá o depósito da quantia ou da coisa devida, a ser efetivado no prazo de 5 (cinco) dias contados do deferimento, salvo no caso de já haver depósito bancário. Após ajuizada e distribuída a consignatória, designa-se audiência, notificando-se o empregado ou os pretendentes para vir receber o *quantum* ofertado a depósito ou oferecer resposta (art. 893, I, CPC), cientificando-o da data da audiência. Caso o réu compareça à audiência e concorde com o pedido, receberá o pagamento, extinguindo-se o mérito da ação com a quitação da obrigação; não comparecendo, defere-se o depósito do pagamento na conta vinculada do FGTS do obreiro ou em banco à disposição do juízo.

Ex vi do art. 897, CPC, "não oferecida a contestação, e ocorrentes os efeitos da revelia, o juiz julgará procedente o pedido, declarará extinta a obrigação e condenará o réu nas custas e honorários advocatícios". Proceder-se-á do mesmo modo se o credor receber e der quitação (arts. 897, par. ún., e 269, II, CPC).

Tratando-se de prestações periódicas, uma vez consignada a primeira, pode o devedor continuar a consignar, no mesmo processo e sem maiores formalidades, as que se forem vencendo, desde que os depósitos sejam efetuados até 5 dias, contados da data do vencimento (art. 892, CPC).

Se o réu comparecer à audiência e ofertar contestação, só poderá ser fulcrado nos seguintes fundamentos: 1) não houve recusa ou mora em receber a quantia ou coisa devida; 2) foi justa a recusa; 3) o depósito não se efetuou no prazo ou no lugar do pagamento; 4) o depósito não é integral (art. 896, CPC). Conquanto o parágrafo único do art. 896, CPC, exija que, no último caso (4), a alegação só será admissível se o réu indicar o montante que entende devido, afigura-se-nos sua incompatibilidade com os cânones do direito material e processual do trabalho. Com efeito, dificilmente o trabalhador sabe fazer as contas de seus créditos trabalhistas, cálculos estes que até os advogados sentem dificuldade, sendo matéria do domínio de contador. Destarte, impróprio é exigir esta responsabilidade de um leigo, senão de um analfabeto. Portanto, concebemos ser suficiente a alegação de que o depósito não é integral, sem mensurar o *quantum*. Porém, se o réu indicar qual a importância a que faz jus, é lícito ao autor completá-lo, dentro de 10 dias, exceto se corresponder a prestação cujo inadimplemento acarrete a rescisão contratual.

Alegando insuficiência do depósito efetuado, poderá o réu levantar, desde logo, a quantia incontroversa ou a coisa depositada, com a conseqüente liberação parcial do autor, prosseguindo o processo quanto à parcela duvidosa (art. 899, § 1º, CPC). E, uma vez constatada a insuficiência do depósito através da sentença, a qual determinará sempre que possível o montante devido, o réu-credor poderá executar nos próprios autos a diferença devida (art. 899, § 2º, CPC).

De acordo com o art. 898, CPC, "quando a consignação se fundar em dúvida sobre quem deva legitimamente receber, não comparecendo nenhum pretendente, converter-se-á o depósito em arrecadação de bens de ausentes; comparecendo apenas um, o juiz decidirá de plano; comparecendo mais de um, o juiz declarará efetuado o depósito e extinta a obrigação, continuando o processo a correr unicamente entre os credores; caso em que se observará o procedimento ordinário".

Junto com a defesa, mas em peça autônoma, o réu poderá apresentar *reconvenção*, que haverá de ser conexa com a consignação em pagamento ou com o fundamento da defesa. Assim, se o consignante pleitear o depósito das verbas rescisórias, o reconvinte poderá postular o pagamento de horas extras.

Da sentença proferida na ação de consignação, cabe recurso ordinário para o TRT.

3. Ação rescisória (arts. 485, CPC, e 836, CLT)

Rescisória é modalidade de ação que visa a desfazer ou modificar sentenças ou acórdãos, total ou parcialmente, dentro de até 2 anos (prazo decadencial) do trânsito em julgado do último *decisum* prolatado na causa, mesmo que o recurso, porventura interposto da sentença rescindenda, não tenha ingressado no mérito (Enunciado n. 100-I-TST).

Será rescindível a sentença proferida (art. 485, CPC): 1) por prevaricação, concussão ou corrupção do juiz; 2) por juiz impedido ou absolutamente incompetente; 3) resultante de dolo da parte vencedora em detrimento da parte vencida, ou de colusão entre as partes, a fim de fraudar a lei; 4) com ofensa à coisa julgada; 5) contra literal disposição de lei;[2] 6) com fundamento em prova, cuja falsidade tenha sido apurada em processo criminal ou seja provada na própria ação rescisória; 7) quando, depois da sentença, o autor obtiver documento novo, cuja existência ignorava, ou de que não pôde fazer uso, capaz, por si só, de lhe assegurar pronunciamento favorável; 8) quando houver fundamento para invalidar confissão, desistência ou transação, em que se baseou a sentença; 9) quando fundada em erro de fato, resultante de atos ou de documentos da causa.

Urge tenha a sentença rescindenda, individual ou normativa, julgado o mérito da demanda (art. 485, c/c art. 269, CPC). De fato, não tendo o mérito sido deslindado (art. 267, CPC), apesar de esgotado o prazo para recurso, caberá ao interessado ajuizar nova ação (art. 268, CPC) ou, quando cabível, propor ação anulatória (art. 486, CPC).

Pelo Enunciado n. 83-TST, "não procede o pedido formulado na ação rescisória por violação literal de lei se a decisão rescindenda estiver baseada em texto legal infraconstitucional, de interpretação controvertida nos Tribunais".[3]

O processo trabalhista dispensa o depósito prévio de 5%, na sua propositura, sobre o valor da causa, a título de multa, se a rescisória for declarada improcedente ou inadmissível, por unanimidade (art. 488, II, CPC; contrariado pelo art. 836, CLT).

A ação rescisória não torna litigiosa a coisa, não constitui em mora o devedor e não suspende a execução da ação rescindenda. Incumbe ao juízo rescindente decidir se o efeito da rescisória sobre a sentença rescindenda é *ex tunc* (retroativo, desde o início) ou *ex nunc* (válido dali em diante). A falta desse pronunciamento enseja embargos declaratórios, colimando o esclarecimento. Em princípio, à míngua de pronunciamento explícito, os efeitos serão apenas *ex nunc*, por ser a rescisória medida excepcional aos direitos e garantias fundamentais (à coisa julgada) e por trazer insegurança às relações jurídico-processuais.

Tem legitimidade para propô-la quem funcionou como parte no processo ou seu sucessor a título universal ou singular (art. 487, I,

---

2. Enunciado n. 298-TST: "A conclusão acerca da ocorrência de violação literal de lei pressupõe pronunciamento explícito, na sentença rescindenda, sobre a matéria veiculada".

3. Para maior estudo da jurisprudência trabalhista sobre o assunto, v. nossa obra *Processo do Trabalho Anotado*.

CPC). Se terceiro tiver interesse – *jurídico* –, provando essa necessidade, poderá propor a ação rescisória.

Ao TRT compete julgá-la, se for proposta contra sentença da Vara ou Juiz de Direito em reclamação trabalhista, ou acórdão do Regional; ao TST, se contra acórdão do próprio TST. Citando Campos Batalha, Meton Marques de Lima resume outros detalhes sobre a competência para a ação rescisória, apontando: *a)* será competente originariamente o TST (ou STF) se tomou conhecimento de recurso e o decidiu, acolhendo-o ou rejeitando-o; *b)* será competente originariamente o TST (ou o STF) se não conheceu do recurso de revista (ou extraordinário), mas apreciou matéria pertinente; *c)* será competente o órgão de 2º grau (TRT) se o TST (ou STF) se limitou a não conhecer o recurso, não ferindo o tema em discussão e se a rescisória não fulmina os motivos por que o recurso não teve conhecimento.[4]

É lícito cumular, na exordial, ao pedido de rescisão, o de novo julgamento da causa (art. 488, I, do CPC).

A petição inicial é dirigida ao presidente do Tribunal. Sorteado o relator e despachado o processamento, será citada a outra parte para contestar, por ordem do relator. A defesa do réu dá-se num prazo de 15 a 30 dias, assinalado no despacho. A fase instrutória, se necessária, produzir-se-á na primeira instância, por delegação do relator, que fixará prazo de 45 a 90 dias para devolução dos autos. Em seguida, abrir-se-á prazo sucessivo de 10 dias para razões finais. Depois, os autos seguirão ao MPT para emissão de parecer, e, em seguida, serão encaminhados ao relator e ao revisor, após o que a ação rescisória (ARes) será posta em pauta para julgamento, segundo o Regimento Interno do Tribunal.

É indispensável ao processamento da ação rescisória a prova de trânsito em julgado da decisão rescindenda. Verificando o relator sua ausência na inicial, abrirá prazo de 10 dias para que o autor supra o defeito, sob pena de indeferimento (Enunciado n. 299-TST).

A decisão rescindente dá oportunidade a recurso (ordinário para o TST, se o acórdão for do TRT), bem como a outra rescisória. Trata-se de rescisória de rescisória, eventualmente admissível.

Segundo a Súmula 252-STF, "na ação rescisória, não estão impedidos juízes que participaram do julgamento rescindendo".

---

4. *Elementos de Direito do Trabalho e Processo Trabalhista*, p. 220.

Ao recorrer de decisão condenatória em ação rescisória, deve o empregador vencido efetuar o depósito recursal no prazo legal, sob pena de deserção (CLT, art. 899, § 1º; Enunciado n. 99-TST). O depósito recursal na ação rescisória é igual ao valor exigido na interposição do recurso de revista.

O remédio adequado para atacar o acordo homologado em juízo, segundo o TST, é a ação rescisória (Enunciado n. 259-TST). A justificativa encontra-se no art. 831, par. ún., CLT (o termo de acordo vale como decisão irrecorrível) e no art. 269, III, CPC (na transação entre as partes, o processo será extinto com julgamento do mérito).

O acordo celebrado perante as Comissões de Conciliação Prévia pode ser desfeito por *ação anulatória*, conforme inteligência do art. 486, CPC, na Justiça do Trabalho.

4. Mandado de segurança
(art. 5º, LXIX e LXX, CF; Lei n. 1.533/1951)

Fica claro, com a EC n. 45/2004, que a Justiça do Trabalho terá competência para julgar os mandados de segurança sempre que a autoridade coatora ofender ou ameaçar de ofensa direitos trabalhistas da alçada da mesma Justiça (art. 114, IV, CF). Encontram-se fora do combate por esta ação as discussões sobre servidores estatutários, por força da liminar concedida pelo Min. Nelson Jobim (STF) a propósito do inc. I do art. 114, CF, na ADI 3.395 (v. item 4.1 do Capítulo I).

O MS é ação constitucional que tem por finalidade "proteger direito líqüido e certo, não amparado por *habeas corpus* ou *habeas data*, quando o responsável pela ilegalidade ou abuso de poder for autoridade pública ou agente de pessoa jurídica no exercício de atribuições do Poder Público" (art. 5º, LXIX, CF).

No entender de Sérgio Ferraz, "líqüido será o direito que se apresente com alto grau, em tese, de plausibilidade; e certo aquele que se oferece configurado preferencialmente de plano, documentalmente sempre, sem recurso a dilações probatórias".[5]

---

5. Ferraz. *Mandado de Segurança (Individual e Coletivo) – Aspectos polêmicos*. p. 24.

O mandado de segurança objetiva sempre a correção de ato ou omissão de autoridade, desde que ilegal e ofensivo de direito individual ou coletivo, líqüido e certo do impetrante (Hely Lopes Meirelles).

No MS, o impetrante pleiteia uma *ordem judicial* contra a autoridade pública que, por ação (ou omissão), infringiu direito líqüido e certo do vitimado, nos termos do art. 5º, LXIX, CF. A natureza da sentença, pois, é *mandamental,* revestindo uma ordem (mandamento) do juiz, frustrando, *incontinenti,* o ato do coator. A natureza *mandamental* da sentença faz-se presente no mandado de segurança *preventivo* (destinado a impedir o cometimento de ilegalidade ou abuso de poder iminentes) e no *repressivo* (visando a corrigir ilegalidade ou abuso de poder já consumados), quer seja ele individual (na defesa de interesses individualmente considerados) ou coletivo (na defesa de interesses metaindividuais).

A Lei n. 1.533/1951 não admite MS contra o ato que: comporte recurso administrativo com efeito suspensivo, independentemente de caução; contra decisão ou despacho judicial para o qual haja recurso processual eficaz, ou possa ser corrigido prontamente por via de correição; contra ato disciplinar, a menos que praticado por autoridade incompetente ou com inobservância de formalidade essencial (art. 5º). A interpretação deste preceptivo há de ser restritiva, a fim de assegurar, ao máximo, o cabimento do mandado de segurança, modalidade de garantia fundamental, prevista constitucionalmente.

A certeza do direito há de ser de forma tal a dispensar fase instrutória para prová-lo. De fato, a prova nesse tipo de ação é pré-constituída (documental, apresentada com a inicial).[6] Do ato ilegal não deve caber nenhum outro recurso nem correição parcial.

Por outro lado, é cabível, também, paralelamente à interposição de recurso, para assegurar-lhe o efeito suspensivo, quando for este recebido só no efeito devolutivo. Na Justiça do Trabalho, esta é a hipótese mais freqüente de utilização do *writ of mandamus*, e contra ato de juiz-presidente em ação de execução, normalmente colimando sustar praças. Também, o MS tem sido utilizado para atacar decisões

---

6. Se, todavia, os documentos encontrarem-se com a autoridade coatora, pode-se pedir ao juiz – e, no particular, este pode agir *ex officio* – que determine a sua apresentação por quem de direito (art. 355, CPC). Assim não fosse, estariam cerceados o direito de ação e o próprio direito de defesa do impetrante.

interlocutórias e antecipações de tutela proferidas pelos juízes de primeiro grau, por serem tais provimentos irrecorríveis no processo do trabalho.

Se houver terceiro interessado, este será notificado para se pronunciar sobre o MS, na qualidade de litisconsorte, dentro de 10 dias.

A matéria do MS pode ter cunho administrativo; não é, porém, sentença transitada em julgado (Súmula 268-STF) nem lei em tese.

O prazo de impetração é de 120 dias do conhecimento do ato pelo interessado (decadencial). Se o ato combatido for judicial, praticado no processo, a contagem inicia-se da notificação, excluindo-se o primeiro dia e incluindo-se o último.

A competência é do TRT, contra seus atos e dos órgãos inferiores; do TST, contra os seus (Lei n. 7.701/1988, art. 2º, I, d, e art. 3º, I, b); e do STF, em grau de recurso ordinário contra decisão denegatória do *writ* pelo TST (art. 102, II, a, CF). A competência, no mandado de segurança, firma-se em razão da hierarquia e qualificação da autoridade coatora. Assim, se esta possuir, por lei, foro de julgamento em Tribunal, será competente a Corte para julgar o ato ilegal ou abusivo. A legislação é esparsa neste sentido, mas define quais autoridades têm seus atos julgados, em sede de mandado de segurança pelos Tribunais, especificando, inclusive, se será por Tribunal local (Regional), Superior ou pelo Supremo.

Por força da EC n. 45/2004 (art. 114, IV, CF), também o Juiz do Trabalho de primeiro grau terá competência para conhecer e julgar o mandado de segurança; portanto, no silêncio da lei, será este o juízo competente para julgá-lo. Por sinal, era o que entendia o STJ: "Tratando-se de mandado de segurança impetrado por empregado celetista contra sociedade de economia mista, objetivando haver direitos decorrentes do vínculo empregatício, a competência para processar e julgá-lo é da Justiça do Trabalho, ainda que a impetrada se encontre em regime de liquidação extrajudicial. Conflito conhecido, declarada competente uma das Juntas de Conciliação e Julgamento de João Pessoa-PB, a quem for distribuído o *mandamus*" (STJ/2ª Seção, CC 16.431-PB).

A petição inicial observará os requisitos do art. 282, CPC, devendo estar instruída com a prova do ato abusivo ou ilegal.

Poderá o impetrante pedir concessão de liminar, demonstrando o *fumus boni juris* (fumaça do bom direito) e o *periculum in mora* (perigo de difícil reparação em face da demora). Da decisão do juiz que conceder a liminar cabe pedido de suspensão de seus efeitos ao Presidente do Tribunal ao qual ele se vincula. A denegação da liminar é irrecorrível.

Ao despachar a exordial, o juiz do processo determinará a notificação da autoridade coatora, através de ofício entregue por meirinho, remetendo-lhe a segunda via apresentada pelo impetrante, com as cópias dos documentos pertinentes, devendo o impetrado, caso queira, apresentar suas informações dentro de 10 dias.

Em seguida, será ouvido o Ministério Público do Trabalho, que emitirá parecer em 8 dias (art. 5º, Lei n. 5.584). Findo este prazo, proferir-se-á decisão, em 5 dias (Lei n. 1.533/1951, art. 10).

Dessa decisão prolatada pelo TRT, cabe recurso ordinário para o TST, no prazo de 8 dias, computando-se em dobro quando o recorrente for o Ministério Público ou a Fazenda Pública. O art. 12, Lei n. 1.533/1951, prevê o duplo grau de jurisdição obrigatório quando a sentença conceder a segurança.

A CF instituiu, ainda, o mandado de segurança coletivo (art. 5º, LXX).[7] Contudo, os princípios básicos, quer do MS individual, quer do MS coletivo, são os mesmos. Ambas as modalidades se diferenciam na legitimidade ativa dos seus impetrantes e na dimensão dos interesses defensáveis.[8]

Para que o sindicato seja parte ativa legítima para a impetração do mandado de segurança coletivo, basta estar constituído (a repartição do Ministério do Trabalho), sendo-lhe dispensada a exigência de encontrar-se em funcionamento por, pelo menos, um ano.

---

7. CF, art. 5º: "LXX – o mandado de segurança coletivo pode ser impetrado por: a) *partido político com representação no Congresso Nacional*; b) *organização sindical, entidade de classe ou associação legalmente constituída e em funcionamento há pelo menos um ano, em defesa dos interesses de seus membros ou associados*".
8. No mandado de segurança coletivo, os interesses envolvidos ultrapassam as fronteiras do individualismo. Com efeito, tem uma abrangência metaindividualista, concernindo a grupos ou a coletividades de pessoas.

5. Ação monitória (arts. 1.102-A a 1.102-C, CPC)

Embora não muito comum, convém abordá-la, pois há tendência a que ela seja explorada no processo do trabalho, ante a EC n. 45/2004. Implementada pela Lei n. 9.079/1995, a ação monitória reclama a observância dos requisitos do art. 282, CPC, iniciando-se por petição escrita, visando à obtenção de sentença de natureza condenatória, com base em prova escrita sem eficácia de título executivo. O objeto da monitória só pode ser pagamento de soma em dinheiro, entrega de coisa fungível ou de determinado bem móvel.

A monitória é compatível com o processo do trabalho, onde pode ser ajuizada verbalmente (reduzida a termo), ante a necessidade de adequação das ações civis à sistemática trabalhista. Imprescindível, no entanto, é a prova documental, no ato do seu ajuizamento, para, desde logo, instruir a reclamação. O prazo concedido para o devedor pagar espontaneamente o débito ou oferecer embargos (art. 1.102b, CPC – de 15 dias) não será aplicado ao processo trabalhista. Indispensável a designação de audiência, dentro de, no mínimo, 5 dias do recebimento da notificação, onde se tentará a conciliação entre as partes e, caso rejeitadas as propostas nem satisfeita a obrigação espontaneamente, os embargos poderão ser apresentados pelo devedor, quando, então a ação monitória adquirirá o rito ordinário das reclamações trabalhistas.

A ação monitória compreende duas fases. A primeira caracteriza-se pela ausência do contraditório e pela presença da cognição sumária. Situa-se, formalmente, entre os atos inerentes à *provocação* do Judiciário (petição inicial ou termo de reclamação) e a *intimação* da ação e do decreto injuntivo; ou entre a *exordial* e sua *rejeição*; ou entre *aquela* e o *cumprimento* espontâneo do decreto mandamental. A segunda, inaugura-se com a oposição manifestada pelo devedor (réu), prosseguindo pelo rito ordinário, e compreende a cognição plena, ante o contraditório instaurado entre as partes.

Dessa forma, conclui-se que, no procedimento monitório, a cognição é sumária, eis que se apresenta como objeto apenas uma parte dos fatos relevantes, ou seja, somente os fatos constitutivos; os outros fatos (extintivos e modificativos) somente podem ser deduzidos em juízo numa fase sucessiva ao pronunciamento do juízo.

Qualquer documento indicativo de crédito trabalhista, desde que pertinente às relações de emprego, poderá servir como instrumento para o ajuizamento da ação monitória na Justiça do Trabalho. Assim, os chamados *vales* entregues pelo empregador ao empregado, ou vice-versa; os recibos em geral (p. ex., de férias) desprovidos de comprovante de pagamento; o termo de rescisão, quando não comprovado o pagamento dos valores ali discriminados; os comprovantes de que o empregado satisfez os requisitos exigidos para a aquisição de determinada gratificação ou prêmio-produtividade (como os recibos ou indícios materiais que demonstrem a produtividade do obreiro), acompanhados do respectivo cheque-salário, demonstrando a falta do pagamento da verba e comprovando que a empresa não cumpriu com as normas estatutárias etc.

Não cabe ação monitória *nos títulos executivos*, de qualquer natureza. Seu objetivo é exatamente conferir a executoriedade ao documento que não seja provido desta eficácia, bem como dar oportunidade para o devedor saldar seu débito ou entregar o bem móvel espontaneamente.

O *decreto injuntivo* ou *injuncional*, típico da primeira fase do procedimento monitório, é expedido pelo Juiz e poderá vir a se constituir, de *pleno jure*, em sentença definitiva e, portanto, em título executivo judicial, sem necessidade de ulterior declaração desta conversão (art. 1.102c, CPC). A transformação (ou conversão) é automática, desde que não oferecidos os embargos, não pago o débito ou não entregue o bem móvel voluntariamente pelo devedor.

Ao receber a inicial, o juízo não expedirá automaticamente o *mandado monitório (decreto injuntivo)*. Ao contrário, ele examinará os pressupostos mínimos de constituição do procedimento monitório e as condições da ação; isto é, fará um juízo prévio de admissibilidade (se o título tem origem, *a priori*, em relação de trabalho; se evidencia quem é o devedor e quem é o credor; a regularidade da petição inicial etc.). Estando regular a inicial, o juiz expedirá o decreto.

Comparecendo o réu à audiência e oferecendo os embargos, ficará suspensa a eficácia do mandado inicial. Se os embargos não forem opostos, constituir-se-á, de pleno direito, o título executivo judicial, convertendo-se o mandado inicial em mandado executivo e prosseguindo-se na forma prevista para o processo de execução (art. 1.102c, CPC). Também, se, oferecidos os embargos, forem eles rejeitados, constituir-se-á de pleno direito o título executivo judicial, intimando-se o devedor e prosseguindo-se na forma de execução.

Estes embargos não podem ser confundidos com os embargos à execução. Com efeito, *ex vi* do § 2º do art. 1.102c, CPC, eles nem sequer carecem de prévia segurança do juízo e serão processados nos próprios autos, pelo procedimento ordinário. Trata-se, na verdade, de modalidade de defesa do réu, formulada em petição normal. Com a apresentação dos embargos, ingressa-se na segunda fase (de conhecimento) do processo monitório. O rito passa a ser, então, o ordinário, o comum.

Se o réu cumprir espontaneamente o mandado, ficará isento de custas e honorários advocatícios, findando a ação.

6. Ação civil pública
(art. 129, III, CF; Lei n. 7.347/1985
– Lei da Ação Civil Pública)

É função institucional do Ministério Público "promover o inquérito civil e a ação civil pública, para a proteção do patrimônio público e social, do meio ambiente e de outros interesses difusos e coletivos" (art. 129, III, CF). Ao Ministério Público do Trabalho incumbe "promover a ação civil pública no âmbito da Justiça do Trabalho, para a defesa de interesses coletivos, quando desrespeitados os direitos sociais constitucionalmente garantidos" (art. 83, III, LC n. 75/1993).

A ação civil pública (ACP) perante a Justiça do Trabalho tem de, necessariamente, expressar interesse decorrente de relação trabalhista entre o acionado e os trabalhadores que procuram defender-se.

Dá-se a competência da Justiça do Trabalho de forma idêntica ao que ocorre nos demais ramos do Judiciário em casos semelhantes. A competência para julgar a ação é do primeiro grau de jurisdição, muito embora a Lei n. 9.494/1997 tenha alterado a redação do art. 16 da Lei n. 7.347/1985 para limitar a eficácia da sentença prolatada pelo juiz nas ações civis públicas à sua competência territorial.[9]

No âmbito do Ministério Público do Trabalho, administrativa e funcionalmente, poderá ajuizar a ação civil pública (ACP) o membro da Procuradoria Regional do Trabalho da Região onde ocorrer a lesão ou a ameaça ao direito.

Podem ajuizar ACP o Ministério Público, a União, os Estados, os Municípios, as autarquias, as empresas públicas, as fundações, as sociedades de economia mista ou as associações que: *1)* estejam constituídas há pelo menos um ano, nos termos da lei civil; *2)* incluam entre suas finalidades institucionais a proteção ao meio ambiente, ao consumidor, à ordem econômica, à livre concorrência, ou ao patrimônio artístico, estético, histórico, turístico e paisagístico. Se não for parte, o Ministério Público atuará obrigatoriamente como fiscal da lei. Faculta-se ao Poder Público e às outras associações legitimadas habilitar-se como litisconsortes de qualquer das partes. Havendo infundada desistência ou abandono da ação por associação legitimada, o Ministério Público ou outro legitimado assumirá a titularidade da ação (Lei n. 7.347/1985, art. 5º, §§ 1º a 3º). Este rol de legitimados foi aumentado pela Lei n. 9.008/1995, que alterou o art. 82 da Lei n. 8.078/1990 (Código de Defesa do Consumidor-CDC). Para a defesa coletiva, acrescentou a legitimação do Distrito Federal; das entidades e órgãos da Administração Pública, direta ou indireta, ainda que sem personalidade jurídica, especificamente destinados à defesa dos interesses e direitos protegidos pelo CDC; e das associações legalmente constituídas há pelo menos um ano e que incluam entre seus fins institucionais a defesa dos interesses e direitos protegidos por este Código, dispensada a autorização assemblear.

Os sindicatos possuem legitimidade para ajuizar ação civil pública, dentro do seu âmbito de representatividade material, subjetivo e territorial, dispensada a exigência de estar funcionando há mais de um ano. Afinal, a entidade sindical é a defensora natural dos interesses dos membros da categoria, não sendo exigida nenhuma formali-

---

9. Ante a Lei 9.494/1997, o TST entendeu que a competência é do juízo de primeiro ou de segundo grau, conforme a lesão seja restrita à competência territorial da Vara ou lhe extrapole o limite territorial (TST/4ª T., RR 316001/96.4, Min. Ives Gandra Martins Filho, j. 23.2.2000).

dade para a sua constituição e o seu atuar, exceto o registro no órgão competente (art. 8º, CF).

A mesma Lei n. 8.078/1990 previu que à defesa coletiva seriam "admissíveis todas as espécies de ações capazes de propiciar sua adequada e efetiva tutela" (art. 83).

A ação civil pública pode ser precedida de ICP (art. 8º, § 1º, Lei n. 7.347/1985; art. 84, II, LC n. 75/1993) ou de qualquer outra forma de apuração dos fatos (procedimentos investigatórios, procedimentos prévios), os quais se tratam de peças informativas, semelhantes ao inquérito policial, voltadas para a angariação de provas a instruírem a demanda civil.

São tipicamente defensáveis pela ação civil pública os interesses metaindividuais (difusos e coletivos), os individuais homogêneos indisponíveis e os públicos.

Hodiernamente, é notória a existência de interesses *individuais* e de interesses *metaindividuais*. Aqueles são pertinentes a um sujeito titular de determinado direito subjetivo, isto é, projetam-se em situações subjetivas isoladas, em interesses inerentes a um titular em sua individualidade e exercitáveis por este segundo sua oportunidade e conveniência (ressalvados os casos legais de irrenunciabilidade), independentemente do interesse de outrem. São interesses defensáveis individualmente, a critério de quem se alega ser dele titular.

Os *interesses metaindividuais* bipartem-se em duas categorias: a dos *interesses coletivos* e a dos *interesses difusos*. Dizem-se *metaindividuais* porque atingem grupos de pessoas que possuem algo em comum, transcendendo-lhes a individualidade. Os interesses *coletivos* foram, em passado recente, confundidos com os interesses metaindividuais e com os individuais homogêneos. Hoje, entretanto, não há mais motivo para serem confundidos.

Os *interesses coletivos* são pertinentes com toda uma categoria de pessoas determinadas ou facilmente determináveis, unidas umas às outras por um vínculo jurídico, não necessariamente formal, em prol de um objetivo comum. P. ex.: os condôminos de um edifício de apartamentos, os sócios de uma empresa, os membros de uma equipe esportiva, os componentes do mesmo sindicato ou da mesma categoria. Cada um desses grupos apresenta interesses comuns entre seus membros; isto é, há convergência entre os interesses dos sócios da empresa, bem como entre os associados do mesmo sindicato.

Denomina-se *difuso* o interesse de um grupo, ou de grupos, de pessoas, entre as quais inexiste um vínculo jurídico ou fático muito preciso, constituindo-se um grupo menos determinado de pessoas. Nos interesses difusos, os membros titulares raramente se conhecem. Muitas vezes, não têm, mesmo, consciência da identidade de seus recíprocos interesses. Isto é facilmente constatável, p. ex., entre os moradores de uma mesma região, afetada pela poluição ambiental.

Hoje, alude-se, ainda, a uma especial categoria de interesses, que se enquadra no gênero dos *individuais*: a dos *interesses individuais homogêneos*, definidos por Arruda Alvim como "aqueles que ostentam qualidade igual, e que têm uma mesma causa ou origem comum, entendendo-se, por estas expressões, situações que são juridicamente iguais, embora decorrentes de fatos diferenciados no plano empírico".[10]

Insere-se no CDC (art. 81) o disciplinamento desses interesses.

No âmbito trabalhista, são exemplos de interesses *coletivos*: aqueles inerentes às categorias, como as contribuições sindicais exigidas dos membros categoriais; as vantagens e os reajustes salariais obtidos através de negociações ou sentenças coletivas.

Hipótese de *interesse difuso* é o pertinente ao respeito à igualdade de tratamento no ato de admissão de candidatos a vagas de emprego. Aí, trata-se, *a priori,* de pessoas indeterminadas, que nem sequer se conhecem e não mantêm nenhum vínculo jurídico entre si. Podem até ser inimigos pessoais, mas as circunstâncias fáticas os colocam no mesmo plano de interesses, durante aquele momento de lesão por alguma empresa que desrespeite o princípio isonômico no ato da admissão. E a igualdade de tratamento não pode ser seccionada, outorgada a uns e, a outros, não. Muitas questões de meio ambiente de trabalho também se inserem nesta categoria de interesses.

Como exemplo de interesses *individuais homogêneos*, citamos a hipótese de férias não concedidas a massa ou a grupo de empregados de uma empresa. Fazem parte dessa categoria, também, os interesses dos trabalhadores que não vêm recebendo corretamente o pagamento de suas rescisões contratuais pelas empresas; os salários atrasados de empregados de determinada empresa; a falta de reco-

---

10. Arruda Alvim *et alii, Código do Consumidor Comentado,* p. 173.

lhimento de FGTS pelo empregador; a não-concessão de repousos semanais etc.

O ajuizamento de ACP para a defesa de interesses difusos e coletivos é preceito constitucional (art. 129, III, CF). Contudo, a utilização dessa ação para a defesa de interesses individuais homogêneos encontrou certa resistência dos tribunais brasileiros, matéria hoje pacificada positivamente pelo STF e pelo TST.

Conquanto o rito da ACP seja definido pela Lei n. 7.347/1985, ele há de se amoldar ao rito do processo do trabalho. Desta sorte, ajuizada a ação, o demandado poderá apresentar sua defesa, por escrito ou verbalmente, em audiência, a qual será designada no prazo das reclamações em geral (5 dias, contados da notificação). Na audiência, o acionado poderá se fazer substituir pelo gerente ou outro preposto, que tenha conhecimento dos fatos. O não comparecimento do réu implica revelia e confissão quanto à matéria de fato. O não comparecimento do autor, no entanto, não pode implicar, necessariamente, arquivamento da ação. Poderá ela ser prosseguida pelo Ministério Público ou outro legitimado. Assim, se a ação tiver sido ajuizada por qualquer outro legitimado, urge a intimação do *Parquet* para, se quiser, dar-lhe prosseguimento. Caso seja o próprio Ministério Público do Trabalho o autor da ação, pensamos que a audiência deva ser realizada, intimando-se o acionante dos atos praticados e da data da audiência em prosseguimento, se necessário for.

Quanto à conciliação, não vemos nenhum empecilho para a sua ocorrência. O que não pode é o autor renunciar aos direitos dos substituídos. Havendo conciliação, lavrar-se-á termo, que constituirá título executivo judicial, equivalendo a sentença irrecorrível. Somente por ação rescisória poderá o instrumento ser atacado (Enunciado n. 259-TST).

Apesar de a ACP ser, normalmente, instruída com os autos do ICP ou de outro procedimento investigatório, ela possui fase instrutória, admitindo interrogatório da parte acionada, ouvida de testemunhas, juntada de documentos, perícia etc. É descabido o depoimento pessoal do Ministério Público do Trabalho, o qual possui legitimidade apenas processual, pois o titular dos direitos que defende é a sociedade ou grupo de trabalhadores.

A ACP comporta liminar, a qual é atacável, no processo do trabalho, por meio de mandado de segurança, em face da irrecorribilidade das decisões interlocutórias (art. 893, § 1º, CLT). A liminar funciona como modalidade de antecipação de tutela. Mas é possível, também, que se ajuíze ação cautelar, preparatória ou incidental, nos mesmos moldes do processo civil, colimando a segurança processual da demanda e a eficácia da sentença.

Concluída a instrução, abre-se vista às partes para aduzirem razões finais, por escrito ou verbalmente. Não sendo o Ministério Público do Trabalho parte, após as razões finais, os autos serão enviados a ele para emissão de parecer (art. 83, I, CPC).

Em seguida, o juiz prolatará a sentença, que terá natureza condenatória, consistindo em obrigação de dar, fazer ou não fazer.

Da sentença proferida pela Vara do Trabalho, cabe recurso ordinário para o TRT; se a ação civil pública tiver sido ajuizada originariamente perante o TRT (como admite o TST), o remédio continuará sendo o recurso ordinário, agora para o TST. O prazo, em qualquer hipótese, será o de 8 dias, computando-se em dobro para a Fazenda Pública, o Ministério Público do Trabalho e nos casos de litisconsórcio com procuradores diferentes (arts. 188 e 191, CPC).

7. Outras ações

Na verdade, inúmeras outras ações poderiam constar deste Capítulo. Porém, limitamo-nos a indicar apenas estas, pois são as mais usuais. A própria CF refere-se, no art. 114, IV, ao *habeas data,* ao *habeas corpus* e ao mandado de injunção (EC n. 45/2004).

Temos defendido o cabimento de ações possessórias (quando o imóvel ocupado pelo obreiro decorrer do contrato de trabalho), de ação cominatória (p. ex., se o empregado com mais de um ano de casa pedir demissão da empresa e não retornar para a homologação, a demanda poderá ser ajuizada pelo empregador), de prestação de contas (no caso de o empregado comissionista, lesado em suas comissões de vendas, exigir do empregador o demonstrativo das vendas realizadas e das respectivas comissões que lhe deveriam ser pagas; e no caso do art. 233, CF) etc.

O Ministério Público do Trabalho tem ajuizado ações anulatórias, de competência dos TRTs (por entendimento jurisprudencial), dos acordos e convenções coletivas de trabalho em que se verifique cláusula ofensiva aos direitos sociais constitucionalmente assegurados ou que macule a ordem pública.

A Reforma do Judiciário alterou profundamente a competência da Justiça do Trabalho e, em conseqüência, elasteceu o rol de ações nela demandáveis, como é o caso das ações sobre representatividade de sindicatos, cobrança de taxas e contribuições sindicais, qualquer litígio entre sindicatos e ações que questionem a legalidade de penalidades aplicadas pelos órgãos do Ministério do Trabalho aos empregadores. Também as ações de reparação de danos morais (individuais ou coletivos) e patrimoniais, que envolvam qualquer trabalhador, subordinado ou não.

Capítulo X
AÇÃO CAUTELAR E TUTELA ANTECIPADA

1. Ação cautelar (arts. 796 a 889, CPC): 1.1 Aplicabilidade no processo trabalhista; 1.2 Procedimento geral; 1.3 Liminar; 1.4 Principais cautelares específicas no processo do trabalho: 1.4.1 Arresto (arts. 813 a 821, CPC); 1.4.2 Seqüestro (arts. 822 a 825, CPC); 1.4.3 Caução (arts. 826 a 838, CPC); 1.4.4 Busca e apreensão (arts. 839 a 843, CPC); 1.4.5 Exibição (arts. 844 e 845, CPC); 1.4.6 Produção antecipada de provas (arts. 846 a 851, CPC); 1.4.7 Justificação (art. 861 a 866, CPC); 1.4.8 Protestos, notificações e interpelações (arts. 867 a 873, CPC); 1.4.9 Atentado (arts. 879 a 881, CPC); 1.4.10 Outras medidas provisionais. 1.5 Recursos na ação cautelar. 2. Tutela antecipatória.

1. Ação cautelar (arts. 796 a 889, CPC)

1.1 Aplicabilidade no processo trabalhista

A CLT somente se refere às medidas acautelatórias no art. 659, IX e X, quando outorga competência ao Juiz do Trabalho para conceder liminar, até decisão final do processo, em reclamações trabalhistas que visem a tornar sem efeito transferência disciplinada pelo art. 449, CLT, e no caso de reintegração no emprego de dirigente sindical afastado, suspenso ou dispensado pelo empregador. No mais, as medidas acautelatórias e ações cautelares regem-se pelo CPC, para onde remetemos o leitor, ressaltando as nuanças do processo trabalhista.

São traços da ação cautelar a *urgência* da medida, o *fumus boni juris* e a *cognição sumária*. Com efeito, a urgência da questão apresentada ao juízo reclama uma providência imediata, rápida. Obviamente, na análise da matéria, o juiz fará, apenas, uma apreciação sumária sobre a plausibilidade do direito que a parte lhe submete. Análise mais profunda será realizada na ação principal. Dessa forma, o provimento obtido na cautelar é provisório.

É competente para julgar a cautelar o juiz da ação principal. E o seu ajuizamento interrompe a prescrição para a proposição da demanda principal. A sentença cautelar não faz coisa julgada material, pois não é própria de julgamento de mérito, salvo se o juiz acolher a decadência ou a prescrição, sendo atacável, então, por ação rescisória (art. 810, CPC).

Cautelares *típicas* ou *nominadas* são aquelas expressamente arroladas pelo CPC: arresto, seqüestro, busca e apreensão, produção antecipada de provas, atentado etc. *Inominadas* ou *atípicas* são as que decorrem do poder geral de cautela do juiz (art. 798, CPC), determinadas pelas circunstâncias, responsáveis pela indicação de qual medida é a cabível. Dizem-se *inominadas* porque o CPC não as rotula, especificamente, uma a uma.

1.2 Procedimento geral

A inicial deverá conter:

a) a autoridade judiciária a que for dirigida;

b) nome, estado civil, profissão e residência do requerente e do requerido;

c) a lide e seus fundamentos;

d) a exposição sumária do direito ameaçado e o receio da lesão;

e) as provas que serão produzidas.

O requisito mencionado no item *c* não será exigido senão quando a medida cautelar for requerida em procedimento preparatório (art. 801, par. ún., CPC). Nada impede que a reclamação cautelar trabalhista seja feita verbalmente, reduzida a termo.

Segundo o art. 802, CPC, o requerido será citado para contestar em 5 dias. No processo do trabalho, a praxe é a da contestação em audiência.

Não ocorrendo a contestação, presumem-se verdadeiros os fatos narrados na exordial, incumbindo ao juiz decidir em 5 dias (art. 803, CPC). Contestada a demanda, o juiz poderá designar audiência de instrução, se houver prova a produzir. Em seguida, tomará a mesma trilha do procedimento comum adotado para os dissídios individuais.

Os autos da cautelar serão apensados aos do processo principal, quando incidental (distribuição por dependência); se preparatória, os autos da ação principal deverão ser distribuídos por dependência ao juízo da cautelar.

O deferimento ou indeferimento da cautelar não influirá no julgamento da ação principal, salvo se o juiz acolher a decadência ou a prescrição na demanda acautelatória.

1.3 Liminar

Embora a cautelar vise a proteger o direito subjetivo processual da parte contra uma situação de periclitância, nem sempre a concessão da medida ao final é útil, pois o tempo pode inviabilizar a prestação urgentemente buscada. Para evitar este contratempo, o legislador conferiu ao juiz poder para conceder, de plano ou após justificação prévia, providência acautelatória, sem ouvir o réu, se verificar que, citado, este poderá torná-la ineficaz (art. 804, CPC). É a *liminar*, espécie de provimento incidental assinalado pelo caráter provisório. A liminar é um ato do juiz, determinando uma providência, no curso da demanda, seja ela ação cautelar ou outro tipo de ação.

A caução (art. 804 do CPC) não é exigível do trabalhador, devido sua fragilidade econômica, financeira e patrimonial.

A competência para apreciar e conceder ou negar a liminar é do juiz da ação cautelar, seja na Vara, seja no Tribunal. Indispensável à sua concessão é o *fumus boni juris* (aparência do bom direito) e o *periculum in mora* (risco de danos – graves e de difícil reparação – pela demora da prestação jurisdicional). O "direito aparente" invocado deve ser o direito ao processo, direito de ação – e não o direito substancial.

Se a cautelar for preparatória e houver concessão de liminar, a ação principal deverá ser promovida dentro de 30 dias do cumprimento da decisão do juiz (art. 808, CPC). Se a principal não for ajuizada nesse prazo, a eficácia da cautelar (arts. 183 e 808, I, CPC) cessará imediatamente, independentemente de declaração judicial. Ajuizada no prazo a ação, a medida conservará sua eficácia no curso do processo principal, salvo se revogada pelo juiz ou cassada pelo Tribunal.

A qualquer tempo a medida acautelatória poderá ser modificada (uma providência por outra) ou revogada (desfeita). E cessará quando atingida a finalidade da cautelar requerida.

1.4 Principais cautelares específicas no processo do trabalho

1.4.1 Arresto
(arts. 813 a 821, CPC)

Preparatório da penhora, o arresto é medida judicial de apreensão de bens do devedor, visando a impedir que o executado se desfaça de seus bens, fraudando a execução ou prejudicando os credores legítimos. Sua função basilar é tornar indisponíveis os bens do devedor para garantir a dívida até que se decida o litígio. É forma de constrangimento do patrimônio para assegurar a eficácia de decisão futura.

É comumente utilizado no caso de dilapidação patrimonial pelo empregador (art. 813, CPC), para lograr a indisponibilidade de bens da empresa, no fito de assegurar o pagamento do crédito trabalhista, discutível em outra ação (em curso ou a ser ajuizada). A providência poderá recair em maquinários, crédito do devedor junto a terceiros (art. 671, CPC), navios, aeronaves e quaisquer objetos de valor da empresa passíveis de penhora.

O arresto será resolvido em penhora, quando julgada procedente a ação principal (art. 818, CPC). Logo, só poderão ser arrestados os bens passíveis de penhora (art. 648, CPC).

Adota-se para a execução do arresto o mesmo procedimento que o da penhora, inclusive quanto à elaboração de auto e à diligência feita pelo oficial de justiça. O arresto cessará pelo pagamento, pela novação ou pela transação (art. 820, CPC).

1.4.2 Seqüestro
(arts. 822 a 825, CPC)

O seqüestro é medida cautelar consistente na apreensão e guarda de uma coisa, para evitar que se extravie, danifique ou aliene, até a decisão acerca de sua propriedade, posse ou direito.

A principal diferença entre *seqüestro* e *arresto* reside em que, no último, o constrangimento judicial recairá em qualquer bem do patrimônio do devedor para garantir futura execução de obrigação de dinheiro, enquanto no *seqüestro* o constrangimento recairá em um bem determinado, específico, disputado entre as partes, objeto do litígio.

No processo do trabalho, o seqüestro, seja ele preparatório ou incidental à ação principal, dá-se quando o trabalhador, em decorrência da relação de emprego, utiliza ferramentas, mostruários, maquinários ou quaisquer outros bens, cuja propriedade seja discutida entre ele e o empregador. Poderá ser utilizada a medida, portanto, para reivindicar o bem que se encontre na posse do antagonista.

Afora os casos expressos em lei, o juiz poderá decretar o seqüestro, a pedido da parte (art. 822, CPC): "I – de bens móveis, semoventes ou imóveis, quando lhes for disputada a propriedade ou a posse, havendo fundado receio de rixas ou danificações; II – dos frutos e rendimentos do imóvel reivindicando, se o réu, depois de condenado por sentença ainda sujeita a recurso, os dissipar; III – dos bens do casal, nas ações de separação judicial e de anulação de casamento, se o cônjuge os estiver dilapidando".

Aplica-se ao seqüestro, no que couber, as disposições do arresto.

1.4.3 Caução (arts. 826 a 838, CPC)

Originário da forma latina *cautio*, "o vocábulo *caução* sugere, na ordem legal, a idéia de cautela, de prevenção contra um dano provável. Ela representa a garantia ou a segurança que uma pessoa dá a outra para o cumprimento de alguma obrigação, assumida por força de cláusula contratual relativa a negócio jurídico, público ou privado".[1]

---

1. Manoel Antônio Teixeira Filho, *As Ações Cautelares no Processo do Trabalho*, p. 323.

A ação de caução tem o seu procedimento regulado pelos arts. 826 a 838, CPC, e seu objetivo tanto pode ser o de *prestar* quanto o de *exigir* caução. O interessado ou um terceiro poderão prestar caução.

Quando a caução é dada em garantia do processo, diz-se *caução processual*. Sendo esta uma característica típica das cautelares em geral, exemplifica-se com as provenientes do poder geral de cautela (art. 799, CPC), as da contracautela (art. 804, CPC) e aquelas cuja função é substituir a medida outorgada (art. 805, CPC).

Segundo dispõe o art. 827, CPC, "quando a lei não determinar a espécie de caução, esta poderá ser prestada mediante depósito em dinheiro, papéis de crédito, títulos da União ou dos Estados, pedras e metais preciosos, hipoteca, penhor e fiança".

Considerando a singeleza e a especificidade do processo do trabalho, a caução não pode ser imposta ao trabalhador, em face da sua hipossuficiência.

Preceitua o art. 831, CPC, que o requerido será citado para, no prazo de 5 dias, aceitar a caução (art. 829), prestá-la (art. 830) ou contestar o pedido. Se necessário, o juiz determinará audiência de instrução. Caso contrário, julgará imediatamente a ação.

1.4.4 Busca e apreensão (arts. 839 a 843, CPC)

A busca e a apreensão são atos judiciais contínuos e interligados, embora se possa distingui-los facilmente. A *busca* é a procura, a cata de um bem, de uma coisa ou uma pessoa. Sucede-lhe a *apreensão*, que é o aprisionamento daquelas. Apreendido o objeto da busca, será ele entregue ao juiz, guardado em depósito ou entregue ao interessado.

No processo do trabalho, só é cabível a busca e apreensão de objetos, não de pessoas, em face da natureza da lide trabalhista. É comum, por exemplo, postular-se busca e apreensão de instrumentos de trabalho, ferramentas, documentos assinados em branco pelo empregado e em poder do empregador, documentos do trabalhador necessários ao exercício de sua profissão (p. ex., CTPS) etc. A busca e apreensão de coisa pode recair, ainda, em bens que foram objeto de arresto ou seqüestro, funcionando a medida como complementar de uma dessas cautelares.

Nem sempre a busca e apreensão possui natureza estritamente cautelar. Será *cautelar* quando tiver por fim assegurar a eficácia da sentença de mérito a ser proferida na ação principal. Aí, seu objetivo será assegurar a manutenção do estado de fato a que se junge o processo principal. Na condição de medida *satisfativa*, ela procura realizar e satisfazer um direito (material), oportunidade em que se lhe ajusta a execução para a entrega de coisa certa. Exemplo desta última é a busca e apreensão da CTPS do trabalhador: a medida esgota-se em si mesma. Os arts. 839 a 843, CPC, cuidam da busca e apreensão em sua feição cautelar.

A parte que postular a medida exporá, na petição inicial, as razões do seu requerimento e a ciência de estar a pessoa ou a coisa no lugar designado (art. 840, CPC). Quanto mais detalhada for a indicação do lugar onde possa a coisa ser encontrada, maior possibilidade terá a cautelar de lograr êxito e menor será o constrangimento judicial imposto ao cidadão alvo da diligência. Deverá ela, pois se ater às medidas mínimas necessárias ao fiel cumprimento do mandado.

Provado suficientemente o alegado, será expedido o mandado, que conterá: "I – a indicação da casa ou do lugar em que deve efetuar-se a diligência; II – a descrição da pessoa ou da coisa procurada e o destino a lhe dar; III – a assinatura do juiz, de quem emanar a ordem" (art. 841, CPC).

O mandado será cumprido por dois oficiais de justiça, que se farão acompanhar por duas testemunhas. Chegando ao local indicado, um deles deverá ler o mandado e intimar o morador a abrir as portas. Não atendidos, os meirinhos arrombarão as portas externas e internas e quaisquer móveis onde presumam que esteja oculta a coisa procurada (art. 842, CPC).

1.4.5 Exibição
(arts. 844 e 845, CPC)

"A *exibição* pode-se revestir de caráter de *medida preparatória* ou de *meio de prova* em ação em curso, e pode-se referir, indistintamente, a coisa ou documentos objeto de direitos reais ou pessoais. No primeiro caso, sua denominação clássica é *ação de exibição* (*actio ad exhibendum* se se tratar de *coisa*) ou *de edendo* (sendo seu objeto *documento*), também conhecida como *exibitória de instrumento*" (Roberto Barcellos de Magalhães).[2]

Poderá pleitear a medida quem tiver interesse na exibição, relacionando-a com a *prepararação* para o ajuizamento da ação principal ou a *prevenção* para a sua propositura. Entre a exibição do documento e o objeto da ação principal há de existir uma pertinência, de tal forma que a medida cautelar seja de fundamental importância para o ajuizamento da demanda principal ou para sua defesa.

O sujeito passivo da ação será aquele que possuir o dever legal de exibir. Desta sorte, nem sempre será o réu da ação principal, pois a pretensão do requerente pode ser exercida em face de terceiro.

Quando ajuizada em caráter preparatório, a demanda possuirá natureza de *ação cautelar*, tendo em vista processo futuro e sendo processada por rito próprio. No curso da ação principal, faz-se o pedido nos autos, incidentalmente, em petição escrita ou verbalmente em audiência.

Observar-se-á, quanto ao procedimento, no que couber, o disposto nos arts. 355 a 363, 381 e 382, CPC, referentes à exibição de documentos, livros e coisas em geral.

1.4.6 Produção antecipada de provas (arts. 846 a 851, CPC)

O que justifica a produção antecipada de provas é o risco de se perderem os vestígios indispensáveis à comprovação da existência de fatos que sejam de fundamental importância ao deslinde da querela a ser levada a juízo. O risco há de ser iminente e real. Não basta a mera *impressão* ou o *perigo de um dia vir a desaparecer a prova*.

É legitimado para requerer a medida quem tiver interesse na demanda principal, que dependa da prova ameaçada de desaparecer.

A produção antecipada da prova pode consistir em interrogatório da parte, inquirição de testemunhas e exame pericial (art. 846, CPC) e é compatível com o processo do trabalho. Quanto à perícia, é de se lembrar as circunstâncias nas quais a empresa esteja em via de extinguir o setor onde ocorra labor insalubre ou periculoso, ou se

---

2. *Dicionário Jurídico e repertório processual*, p. 350, verbete "Exibição".

encontre na iminência de modificar totalmente a atividade ou, ainda, haja risco de extinção da própria empresa. É cabível a medida, pois, para assegurar a prova da natureza da atividade. A produção da prova pericial observará o rito previsto para a perícia em geral (arts. 849 e 850, CPC).

Far-se-á a inquirição das testemunhas ou o interrogatório da parte antes da propositura da ação, ou na pendência desta, mas antes da audiência de instrução: "I – se tiver de ausentar-se; ou II – se, por motivo de idade ou de moléstia grave, houver justo receio de que ao tempo da prova já não exista, ou esteja impossibilitada de depor" (art. 847, CPC).

1.4.7 Justificação (art. 861 a 866, CPC)

Do art. 861, CPC, conclui-se que a justificação é medida disponibilizada a quem pretender demonstrar a existência de algum fato ou relação jurídica, seja para simples documento e sem caráter contencioso, seja para servir de prova em processo regular. Assim, a justificação é pretensão de constituição de prova, que será apreciada e valorada pelo juiz da ação ou mesmo perante autoridade administrativa.

A justificação, no processo do trabalho, é de pouquíssima aplicabilidade, porque o ajuizamento da reclamação trabalhista, por si só, já basta para cumprir o objetivo da cautelar. Poderia, todavia, ser utilizada pelo empregado no fito de comprovar seu tempo de serviço, o que teria reflexos junto aos órgãos da Previdência Social.

No processo de justificação não serão admitidas defesa nem recurso (art. 865, CPC). Ao final, será julgada por sentença do juiz, o qual, no entanto, não se pronunciará sobre o mérito da prova, limitando-se a verificar se foram observadas as formalidades legais.

1.4.8 Protestos, notificações e interpelações (arts. 867 a 873)

O protesto, a notificação e a interpelação são procedimentos não contenciosos, voltados a conservar direitos. Conquanto o protesto e a interpelação não admitam defesa nem contraprotesto nos autos, o requerido pode contraprotestar em processo distinto (art. 871, CPC).

A demanda ao Judiciário para comprovação ou documentação da *intenção* do interessado é o *protesto*. Através dele o requerente manifesta judicialmente uma pretensão de cunho material. O protesto pode ser tido como gênero das manifestações judiciais da intenção de exercitar uma pretensão de ressalva ou conservação de direitos. A notificação e a interpelação são espécies dessa atividade.

Na *notificação*, cientifica-se outrem para que faça ou deixe de fazer alguma coisa, sob cominação de determinada pena ou atividade. Exemplifica-se com a notificação do senhorio ao locatário para desocupar o imóvel alugado dentro de certo prazo, sob pena de ajuizamento da ação de despejo.

A *interpelação judicial* serve ao credor para dar conhecimento da exigência de cumprimento de obrigação, sob pena de ficar constituído em mora. Os autos da *interpelação* importam para oportunamente servir de elemento de convicção ao juízo, no processo de sopesamento do instrumental comprobatório.

1.4.9 Atentado (arts. 879 a 881, CPC)

Para Tostes Malta *atentado* "é a criação de situação nova ou mudança de *status quo*, pendente a lide, lesiva à parte e sem razão de direito. A ação cautelar de atentado visa a restaurar o estado de fato existente quando ajuizada a lide, comprometida por inovação ilegítima de uma das partes no curso do processo".[3] Como se vê, sucede o atentado quando há mudança ilegal do estado de fato existente no momento de instauração do processo.

A ação de atentado é medida incidental, por inteligência do art. 879, CPC, cabível "no curso do processo". Tem lugar quando houver alteração ilícita da situação fática por alguém, daí resultando prejuízo para a parte afetada, que o suportará caso venha a ganhar a causa ou caso a medida constritiva judicial se torne inócua, total ou parcialmente. É de larga importância nas execuções, para preservar situação patrimonial do devedor.

A inovação no estado de fato, a ensejar a medida, há de estar concretizada. Tanto que o objeto da ação é o *desfazimento* de atos

---

3. *Prática do Processo Trabalhista*, p. 556, n. 991.

praticados pelo ofensor e o retorno da situação material ao *statu quo ante*.

Na conformidade do art. 879, CPC, comete atentado a parte que no curso do processo: "I – viola penhora, arresto, seqüestro ou imissão na posse; II – prossegue em obra embargada; III – pratica outra qualquer inovação ilegal no estado de fato".

Compatível a ação com o processo do trabalho, tanto nos dissídios individuais quanto nos coletivos, Ribamar da Costa exemplifica: um empregado ajuíza ação pleiteando diferença de salário de substituição e efetivação no cargo, eis que o substituído esteve afastado por doença por seis meses e, ao retornar, a empresa o colocou em outra função. Ao saber da ação, o empregador coloca o substituído em seu antigo lugar, afastando o autor de suas funções.[4]

A ação de atentado será processada e julgada pelo juiz que conheceu originariamente da causa principal, ainda que esta se encontre no Tribunal (art. 880, par. ún., CPC).

1.4.10 Outras medidas provisionais

O art. 888, CPC, aplicável ao processo do trabalho apenas em parte, permite ao juiz ordenar ou autorizar, na pendência da ação principal ou antes de sua propositura: *a)* obras de conservação em coisa litigiosa ou judicialmente apreendida; e *b)* interdição ou demolição de prédio para resguardar a saúde, a segurança ou outro interesse público. As demais permissões do artigo relacionam-se ao Direito de família e às relações conjugais, inaplicáveis ao processo do trabalho.

No poder geral de cautela (art. 798, CPC), o juiz deve primar por assegurar a eficácia da tutela a ser prestada ou que esteja sendo prestada na ação principal.

---

4. *Direito Processual do Trabalho*, p. 219.
"Configura-se atentado à lide o antijurídico afastamento do empregado, do exercício das funções pertinentes ao seu cargo efetivo e a ilegal e arbitrária transferência definitiva do obreiro, desde que descumprido o acordo que fez coisa julgada" (TST/Pleno, ERR 3493/1979, rel. Min. Alves de Almeida, *DJU* 21.10.1983).

As medidas cautelares nominadas pelo CPC não são bastantes para alcançar todas as hipóteses de periclitância que o dia-a-dia oferece. Então, é de suma importância dotar o Judiciário do *poder geral de cautela* e oferecer aos jurisdicionados o acesso às tutelas provisórias e imediatas através de outros remédios, as *cautelares inominadas*. Um sem número de situações requer do juiz providências incontáveis.

Dispõe o art. 889, CPC, que "na aplicação das medidas enumeradas no artigo antecedente observar-se-á o procedimento estabelecido nos arts. 801 a 803". Vale dizer: o procedimento das ações cautelares inominadas obedecerá ao contraditório e à cognição sumária, seguindo o procedimento básico das cautelares em geral, já exposto no início deste capítulo. O parágrafo único do mesmo art. 889, CPC, diz o óbvio: "Em caso de urgência, o juiz poderá autorizar ou ordenar as medidas, sem audiência do requerido".

1.5 Recursos na ação cautelar

Da sentença que encerrar o processo cautelar é interponível recurso ordinário, tenha ela concedido ou denegado a providência, julgado procedentes ou improcedentes os pedidos da ação. A decisão concessiva ou denegatória da liminar, dado seu caráter interlocutório, é irrecorrível (art. 893, § 1º, CLT), sendo atacável, todavia, por MS para o Tribunal competente.

2. Tutela antecipatória

A Lei n. 8.952/1994 alterou a redação do art. 273, CPC, para autorizar o juiz a, mediante requerimento da parte, antecipar, total ou parcialmente, os efeitos da tutela pretendida no pedido inicial, desde que, existindo prova inequívoca, se convença da verossimilhança da alegação e: "I – haja fundado receio de dano irreparável ou de difícil reparação; ou II – fique caracterizado o abuso de direito de defesa ou manifesto propósito protelatório do réu". Essa *decisão antecipatória* haverá de ser fundamentada (§ 1º), não podendo ser concedida quando houver perigo de irreversibilidade do provimento antecipado (§ 2º). A referida decisão poderá ser revogada ou modificada a qualquer tempo, em nova decisão, igualmente fundamentada (§ 4º).

A natureza da tutela antecipatória é distinta da natureza das cautelares, apresentando ambas, inclusive, finalidades e propósitos diferentes. Averba Nelson Nery Jr. que "a tutela antecipada dos efeitos da sentença de mérito não é tutela cautelar porque não se limita a assegurar o resultado prático do processo, nem a assegurar a viabilidade da realização do direito afirmado pelo autor, mas tem por objetivo conceder, de forma antecipada, o próprio provimento jurisdicional pleiteado ou seus efeitos. Ainda que fundada na urgência (CPC 273 I), não tem natureza cautelar, pois sua finalidade precípua é adiantar os efeitos da tutela de mérito, de sorte a propiciar sua imediata execução, objetivo que não se confunde com o da medida cautelar (assegurar o resultado útil do processo de conhecimento ou de execução, ou, ainda, a viabilidade do direito afirmado pelo autor)".[5]

O processo cautelar tem o escopo de assegurar a efetividade do provimento final a ser proferido, não significando antecipação do mesmo. Vale dizer, o "seu objetivo é prover para o futuro, quer implementando provas, quer dando condições para que a sentença proferida na ação principal tenha possibilidade executória, p. ex., arresto, seqüestro, vistoria *ad perpetuam rei memoriam* etc.".[6]

Nem sempre a tutela antecipada tem por razão de ser a urgência (art. 273, I, CPC), haja vista poder ser concedida quando houver abuso do direito de defesa ou manifesto propósito protelatório do réu (art. 273, II, CPC), que nada tem a ver com a urgência, mas, sim, com a *efetividade do processo*, como forma de garantir ao autor os efeitos da tutela pretendida pelo simples fato de o réu vir a utilizar mal o processo.[7]

No processo do trabalho, há medidas de há muito previstas que não são, propriamente, ações cautelares, mas, sim, provimentos antecipatórios. Menciona-se a liminar proferida pelo juiz do trabalho, até decisão final, no processo principal de reclamação trabalhista que vise a tornar sem efeito transferência de trabalhador disciplinada pelos parágrafos do art. 469 da CLT (art. 659, IX, CLT).

---

5. *Atualidades sobre o Processo Civil – A Reforma do Código de Processo Civil Brasileiro. Lei n. 8.952, de 13 de dezembro de 1994*, p. 52.
   6. Francisco Antônio de Oliveira, *Medidas Cautelares, Procedimentos Especiais, Mandado de Segurança, Ação Rescisória e Ação Anulatória no Processo Trabalhista*, p. 29.
   7. Nelson Nery Júnior, *Atualidades sobre o Processo Civil...*, cit., p. 53.

O inciso X do art. 659 da CLT atribui poderes ao juiz do trabalho para "conceder medida liminar, até decisão final do processo, em reclamações trabalhistas que visem reintegrar no emprego dirigente sindical afastado, suspenso ou dispensado pelo empregador".

Não olvidamos que o motivo basilar que impulsionou o legislador a prescrever a antecipação tutelar explicitamente foi a reintegração do mandatário sindical.[8] Mas entendemos de maneira muito mais ampla a possibilidade de utilização de tutela antecipada no processo do trabalho.

Sem dúvida alguma, o palco onde melhor se desenvolverá a tutela antecipativa no processo do trabalho é o das obrigações de fazer (art. 461, CPC)[9] e de dar (art. 461-A, CPC) sobretudo nas hipóteses de estabilidade no emprego, quando o juiz poderá fixar multa pelo eventual descumprimento da ordem. Nos demais casos, considerando-se que a grande maioria das lides laborais versam sobre pagamento de verbas vencidas e vincendas, a tutela antecipatória encontrará obstáculo no perigo de irreversibilidade do provimento.

De todo modo, insistimos em avançar na interpretação normativa para chamar a atenção para o § 3º do art. 273, CPC: "A efetivação da tutela antecipada observará, no que couber e conforme sua nature-

---

8. A estabilidade do representante sindical está prevista no art. 8º, VIII, CF.

9. CPC: "Art. 461. Na ação que tenha por objeto o cumprimento de obrigação de fazer ou não fazer, o juiz concederá a tutela específica da obrigação ou, se procedente o pedido, determinará providências que assegurem o resultado prático equivalente ao do adimplemento. § 1º. A obrigação somente se converterá em perdas e danos se o autor o requerer ou se impossível a tutela específica ou a obtenção do resultado prático correspondente. § 2º. A indenização por perdas e danos dar-se-á sem prejuízo da multa (art. 287). § 3º. Sendo relevante o fundamento da demanda e havendo justificado receio de ineficácia do provimento final, é lícito ao juiz conceder a tutela liminarmente ou mediante justificação prévia, citado o réu. A medida liminar poderá ser revogada ou modificada, a qualquer tempo, em decisão fundamentada. § 4º. O juiz poderá, na hipótese do parágrafo anterior ou na sentença, impor multa diária ao réu, independentemente de pedido do autor, se for suficiente ou compatível com a obrigação, fixando-lhe prazo razoável para o cumprimento do preceito. § 5º. Para a efetivação da tutela específica ou a obtenção do resultado prático equivalente, poderá o juiz, de ofício ou a requerimento, determinar as medidas necessárias, tais como a imposição de multa por tempo de atraso, busca e apreensão, remoção de pessoas e coisas, desfazimento de obras e impedimento de atividade nociva, se necessário com requisição de força policial. § 6º. O juiz poderá, de ofício, modificar o valor ou a periodicidade da multa, caso verifique que se tornou insuficiente ou excessiva".

za, as normas previstas nos arts. 588, 461, §§ 4º e 5º, e 461-A". O art. 588, II, admite o levantamento de depósito em dinheiro e a prática de ato que importe alienação de domínio, sendo dispensada caução nos casos de crédito de natureza alimentar, até 60 salários mínimos, quando o exeqüente se encontrar em estado de necessidade (§ 2º). Tais dispositivos são, a nosso ver, aplicáveis ao processo do trabalho.

O provimento antecipatório, por se tratar de decisão interlocutória, não admite interposição de recurso no âmbito trabalhista, exceto quando da sentença (portanto, ao final). Porém, é cabível o mandado de segurança para combater a eventual ilicitude ou o abuso de poder do ato judicial.

Capítulo XI
DISSÍDIOS COLETIVOS

1. Generalidades. 2. Instauração e procedimento. 3. Sentença normativa, extensão e revisão. 4. Ação de cumprimento (art. 872, CLT).

1. Generalidades

Dissídio coletivo é a atividade desenvolvida pela Justiça do Trabalho na pacificação de conflito coletivo de trabalho. No dissídio coletivo litigam grupos, coletividades, categorias. Pode ser de natureza *econômica*, quando se busca a criação de novas condições de trabalho (aumento salarial, redução da jornada etc.) ou de natureza *jurídica*, quando almeja interpretar normas coletivas já existentes (sentenças normativas, acordos ou convenções coletivas).

O TST já vinha entendendo pelo não cabimento de dissídio coletivo de natureza jurídica quando seu objeto fosse a interpretação ou declaração de lei de caráter genérico, aplicável indistintamente a qualquer categoria (TST/SDC, RO-DC 157.541/95.9-5ª Reg., *DJU*-I 8.3.1996). Agora, a EC n. 45/2004 generalizou, para só admitir o dissídio coletivo de natureza econômica (art. 114, § 2º, CF), deixando que as próprias entidades sindicais renegociem as cláusulas obscuras, dúbias ou contraditórias ou oponham no prazo legal os embargos declaratórios para obter esclarecimentos na sentença normativa proferida em dissídio de natureza econômica.

A tentativa fracassada de negociação ou a verificação da impossibilidade da arbitragem, sucessivamente, são condições de instauração do dissídio coletivo pelo sindicato (art. 114, §§ 1º e 2º, CF). É obrigatório tentar-se a primeira ou superar (sem êxito) ambas as etapas.

Não andou bem a EC n. 45/2004 quando fez constar, no § 2º do art. 114, CF, que as partes têm a faculdade, "de comum acordo", de ajuizarem dissídio coletivo. Houve um condicionamento para o ajuizamento da ação: ambas as partes têm de concordar com isso. Ora, levando em conta a cultura laboral brasileira, especialmente a empresária, o dispositivo inviabiliza o acesso à Justiça (art. 5º, XXXV, CF); fragiliza as categorias profissionais, que dependerão da aquiescência empresarial para promover a ação; e estimula o indesejável movimento grevista, uma vez que a greve é o único outro caso autorizador da instauração da instância coletiva, o que vai contra o princípio da paz social. Além de afrontar o princípio da razoabilidade, a disposição constitucional fere a inquebrantável cláusula pétrea do acesso à Justiça (art. 60, § 4º, IV, CF). Tudo isso torna inconstitucional a nova disposição, que pode ser combatida tanto pela via concentrada, quanto pela via do controle difuso, incidentalmente em cada dissídio coletivo promovido nos Tribunais do Trabalho (TRTs e TST).

O suscitado (demandado) pode não ser sindicato, mas empresa(s), à semelhança do acordo coletivo de trabalho. A Administração Pública, porém, não pode figurar no pólo passivo.

Como a decisão proferida no dissídio coletivo regula as relações trabalhistas de várias pessoas, com força de lei entre as coletividades envolvidas, é chamada de *sentença normativa* ou *coletiva*.

2. Instauração e procedimento

Podem instaurar o dissídio coletivo as associações sindicais e o MPT (art. 856, CLT). A Constituição Federal impossibilitou a instauração *ex officio* pelo presidente do Tribunal. A instauração pelo MPT restringe-se, atualmente, à hipótese de greve e de interesse público (art. 114, § 3º, CF; art. 8º, Lei n. 7.783/1989; art. 83, VIII, LC n. 75/1993).

Por deliberação da assembléia, a entidade sindical instaurará o dissídio mediante petição – escrita – ao presidente do Tribunal, em tantas vias quantos forem os reclamados, com a qualificação dos suscitantes e dos suscitados, a natureza do estabelecimento ou do serviço, as causas do dissídio e as bases da conciliação. Poderá haver assistência advocatícia, a cujo profissional facultar-se-á a assinatura das petições e o acompanhamento do processo.

A competência judicante é do TRT local, se as categorias litigantes situarem-se sob sua jurisdição. Se extrapolarem o limite de uma Região, será do TST essa competência.

Recebida a petição, o presidente do Tribunal designará audiência dentro de 10 dias, quando, então, ocorrerá a tentativa de negociação. Havendo acordo, o presidente submeterá ao Tribunal, na primeira sessão, a homologação (art. 863, CLT). Não ocorrendo conciliação, tentará uma intermediação entre os litigantes, e, mais uma vez frustrado o acordo e ouvido o MPT, designará audiência para julgamento, na qual as partes poderão fazer sustentação oral por 10 minutos. Em seguida, julga-se o dissídio, colhendo-se os votos dos membros do tribunal, cláusula por cláusula. A fase instrutória situa-se entre o acordo frustrado e o julgamento, podendo o presidente realizar as diligências que entender necessárias.

3. Sentença normativa, extensão e revisão

A sentença normativa poderá ser *revista*, a exemplo dos acordos e convenções coletivas. O Tribunal fixará sua data de vigência, que não poderá ultrapassar 4 anos (art. 868, CLT).

Quando o dissídio visar à obtenção de novas condições de trabalho, a sentença terá natureza *constitutiva*; nos dissídios de natureza jurídica, será *declaratória*. Seus efeitos estendem-se a todos da categoria, associados ou não, salvo nos dissídios cujo suscitado seja uma ou mais empresas, quando, então, abrangem, apenas, os empregados destas.

Dos arts. 868 a 871, a CLT trata da *extensão* das novas condições de trabalho estabelecidas. Corresponde a um elasticimento do âmbito de aplicabilidade da regulamentação coletiva de trabalho e visa a uniformizar os direitos dos empregados em uma mesma empresa. Essa extensão teve importante papel na época em que os sindicatos defendiam apenas os associados, não a categoria *in totum*. Assim, os outros empregados beneficiavam-se, também, do ajuste coletivo concedido a alguns obreiros da empresa. A extensão pode ser requerida ao Tribunal mediante instauração de dissídio coletivo pela entidade sindical.

Cabe *revisão* quando se modificarem as circunstâncias que justificaram a sentença. Decorrido mais de um ano da vigência da decisão, se as condições se tornarem injustas ou inaplicáveis, pode o Tribunal prolator, provocado pelo MPT, pelas entidades sindicais ou pelos empregadores interessados, rever a sentença (arts. 873 a 874, CLT).

Mesmo a sentença normativa deve respeitar o princípio da norma mais favorável ao empregado, portanto, não pode estabelecer condições *in pejus* (para pior) – art. 114, § 2º, final, CF.

4. Ação de cumprimento (art. 872, CLT)

A sentença normativa não possui natureza condenatória, por isso, não admite ação de execução (art. 584, I, CPC). Para fazer valer a decisão descumprida, protegendo as novas vantagens implementadas, o art. 872, CLT, instituiu a *ação de cumprimento*, na qual não se pode mais questionar a matéria de fato ou de direito já apreciada na decisão. Isso, no entanto, não implica a adoção do procedimento típico da execução, mas é evidente a enorme carga de executoriedade ínsita nessa espécie de ação.

A ação de cumprimento é modalidade de dissídio individual, singular ou plúrimo, na qual são utilizadas as normas do Capítulo II do Título X da CLT (procedimento comum).[1] O próprio sindicato pode promovê-la, como substituto processual, em favor dos membros da categoria. A competência é da Vara do Trabalho.

Em seu art. 1º, a Lei n. 8.984/1995 dispõe: "Compete à Justiça do Trabalho conciliar e julgar os dissídios que tenham origem no cumprimento de convenções coletivas de trabalho ou acordos coletivos de trabalho, mesmo quando ocorram entre sindicatos ou entre sindicato de trabalhadores e empregador".

A petição dirigida à Vara deve estar acompanhada do acórdão ou certidão da decisão ou do texto normativo do acordo ou convenção coletiva. Seu ajuizamento não depende do trânsito em julgado da sentença normativa (Enunciado n. 246-TST), podendo se dar a partir do 20º dia do julgamento.

O presidente do TST pode conferir efeito suspensivo ao recurso ordinário interposto em DC, impossibilitando o seu imediato cumprimento.

---

1. Em nossa concepção, sendo o valor da causa de até 40 salários mínimos, é aplicável o rito sumaríssimo.

Capítulo XII
SENTENÇAS E ENUNCIADOS

1. Sentença: classificação, requisitos e estrutura. 2. Coisa julgada e erro material. 3. Enunciados, súmulas e precedentes.

1. Sentença: classificação, requisitos e estrutura

Sentença é o ato do juiz que põe fim ao processo, decidindo ou não o mérito da causa (art. 162, § 1º, CPC). Nos Tribunais ela recebe o nome de *acórdão* ou *aresto*.

A sentença pode ser: *terminativa* quando não aprecia o mérito, como, p. ex., se acolher a inépcia da petição inicial, a falta de pressupostos processuais ou a ausência de condições da ação (art. 267, CPC); ou *definitiva* quando aprecia o mérito, acolhendo ou não o pedido do reclamante, como, p. ex., o reconhecimento da dispensa sem justa causa, o acolhimento da prescrição, a condenação em indenização etc. (art. 269, CPC).

Quanto à natureza, diz-se *declaratória* a que não altera a situação anterior à lide, apenas a reconhece, declarando-a. A *constitutiva* constitui o que inexistia ou desconstitui o substrato até então existente. A *condenatória* traz uma declaração e uma sanção, ordenando ao devedor dar, fazer ou não alguma coisa.

Estruturalmente, a sentença obedece ao seguinte delineamento (art. 832, CLT; e art. 458, CPC):

a) *Relatório* – É um breve relato geral da ação, mencionando as partes, o objeto do pedido, o teor da contestação, o valor da causa, o tipo de procedimento, as provas colhidas, os incidentes etc.

b) *Fundamentação* – É o motivo que levou o juiz a julgar de tal ou qual forma, o desenvolvimento de seu raciocínio. É na fundamentação que a parte vislumbra onde houve o equívoco ou o acerto do magistrado, propiciando-lhe o exercício do direito de defesa e de recurso. Daí a CF ter instituído a necessidade de fundamentação de todas as decisões do Judiciário, sob pena de nulidade (art. 93, IX).

O juiz deve atuar de ofício em certas matérias, por serem de ordem pública. Citamos: *a) questões preliminares*, que se encontram previstas no art. 301, CPC (inexistência ou nulidade da citação, incompetência absoluta, inépcia da petição inicial, perempção, litispendência, coisa julgada, conexão, incapacidade da parte ou vício de representação, carência de ação, falta de caução ou de outra prestação que a lei exija como preliminar);[1] *b) fatos supervenientes à propositura da ação*, por força do art. 462, CPC.[2]

c) Dispositivo ou *conclusão* – É o fecho da sentença, através da qual o magistrado declara, constitui, desconstitui, ordena, condena etc. Trata-se da solução apontada à lide, aos fatos nela desenrolados ou elencados no processo. É, enfim, o resultado da atividade intelectual do juiz e onde se definem as questões processuais e a matéria de direito. Só o dispositivo da sentença transita em julgado, definindo os limites objetivos e subjetivos da coisa julgada. Sua ausência torna a sentença inexistente.

O dispositivo pode ser *direto* ou *indireto*. O primeiro traz em seu bojo todos os elementos conclusivos do juiz, de tal forma que a simples leitura de seu teor já demonstra ao leitor a plena ciência de tudo quanto foi deferido e rejeitado pelo magistrado. O segundo, possuindo apenas parte dos elementos que devam nele estar presentes, limita-se a remeter o leitor às razões expostas na fundamentação da sentença.

Estes requisitos são aplicáveis, também, à estrutura dos acórdãos (art. 165, CPC), acrescendo-se aos últimos, no entanto, a *ementa* (art. 563, CPC), que é um resumo da matéria de direito deslindada no acórdão e que se encontra logo no início do aresto, recuado à direita.

1. Art. 301, § 4º, CPC: "Com exceção do compromisso arbitral, o juiz conhecerá de ofício da matéria enumerada neste artigo".
2. Art. 462, CPC: "Se, depois da propositura da ação, algum fato constitutivo, modificativo ou extintivo do direito influir no julgamento da lide, caberá ao juiz tomá-lo em consideração, de ofício ou a requerimento da parte, no momento de proferir a sentença".

A sentença há de ser clara, precisa e noticiada às partes. Se apresentar obscuridade, contradição ou omissão em ponto sobre o qual deveria o juiz se pronunciar, cabíveis serão os embargos declaratórios, para sanar a irregularidade (art. 897-A, CLT; art. 535, CPC).

Deve restringir-se ao pedido, não podendo ir além, aquém nem fora dele (isto é, nem *ultra petita* ou *citra petita* ou *extra petita*), sob pena de imbuir nulidade absoluta a ser contestada no recurso adequado. Em não sendo combatida em grau de recurso, e transitada em julgado, será aplicada normalmente, só podendo ser atacada mediante ação rescisória.

Pelo princípio da economia processual e pela ausência de prejuízo das partes, a sentença *ultra petita* (proferida além do pedido formulado na vestibular) e a *extra petita* (proferida fora dos limites do petitório) são, simplesmente, reformáveis pelo Tribunal competente, suprimindo-se o excesso ou excluindo-se o que não fora pedido.

No rito sumaríssimo, a sentença deve ser prolatada em audiência e seguirá forma mais simples. É o que dispõe o art. 852-I, CLT: "a sentença mencionará os elementos de convicção do juízo, com resumo dos fatos relevantes ocorridos em audiência, dispensado o relatório".

Devidamente assinada, a sentença será acostada ao processo, no prazo improrrogável de 48 horas, contado da audiência de julgamento (art. 851, § 2º, CLT).

Quando não juntada a ata ao processo naquelas 48 horas, o prazo para recurso iniciar-se-á na data em que a parte receber a intimação da sentença (Enunciado n. 30-TST).

Da decisão serão os litigantes notificados, pessoalmente ou por seu representante, na própria audiência. Na hipótese de revelia, a notificação far-se-á ao revel em registro postal, com franquia, ou, se ele criar embaraço ou não for encontrado, através de edital, inserto no jornal oficial, no que publicar o expediente forense ou, na falta, afixado na sede do juízo prolator (art. 852, CLT). Não sendo a decisão prolatada na audiência designada, serão as partes intimadas do resultado.

Segundo o § 4º do art. 832, CLT, "o INSS será intimado, por via postal, das decisões homologatórias de acordos que contenham parcela indenizatória, sendo-lhe facultado interpor recurso relativo às contribuições que lhe forem devidas".

2. Coisa julgada e erro material

A sentença traz ínsita a eficácia da coisa julgada quando dela não mais couber recurso. A coisa julgada é típica da jurisdição, implicando a palavra final do Estado em definitiva e última instância.

Coisa julgada *material* é a eficácia que torna imutável e indiscutível a sentença não mais sujeita a recurso ordinário nem extraordinário (art. 467, CPC), tornando a decisão definitiva e indiscutível nos mesmos autos ou em ação distinta. A coisa julgada material põe fim à discussão, que, então, não admitirá mais qualquer embate. Diz-se haver coisa julgada *formal* quando o *decisum* for indiscutível no mesmo processo, mas não em outro, como sói acontecer nas ações de alimentos, nas cautelares e nas sentenças que houverem extinguido o processo sem julgamento do mérito (art. 268, CPC). A coisa julgada formal é detectada pela simples *irrecorribilidade* da sentença, quando escoado o prazo recursal ou esgotada a via apelativa.

Conquanto se aponte que a coisa julgada material torne a sentença indiscutível em qualquer processo, na verdade há uma exceção: o ataque pela via da ação rescisória no prazo indicado pela legislação processual.

Nos dissídios coletivos, a sentença normativa é imodificável no seu primeiro ano de vigência. Nesse período, ela faz coisa julgada formal e material (art. 873, CLT). Ultrapassado tal período, ela poderá ser modificada (Revisão) e, então, não será mais abrangida pela coisa julgada material rígida.

Importa lembrar que, nos dissídios envolvendo empregados *versus* empresa(s), os efeitos da sentença normativa estender-se-ão apenas ao âmbito do(s) suscitado(s). *Extensão* é ato de ampliação no âmbito da regulamentação sentencial coletiva, como já tratamos no Capítulo dos dissídios coletivos (art. 868, CLT).

Ao lume do disposto no art. 833, CLT, porém, "existindo na decisão evidentes erros ou enganos de escrita, de datilografia ou de cálculo, poderão os mesmos, antes da execução, ser corrigidos, *ex officio*, ou a requerimento da Procuradoria da Justiça do Trabalho". Na mesma esteira, dispõe o art. 897-A, CLT, e o art. 463, CPC. Diz-se erro material ao que se apresenta nítido, evidente, notório, não necessitando de complexo processo interpretativo para constatá-lo.

3. Enunciados, súmulas e precedentes

Os *enunciados* são os verbetes da súmula da jurisprudência uniformizada do TST. Não vinculam os juízes das instâncias inferiores, mas têm importantíssimo papel na orientação uniformizadora dos julgamentos. Outrossim, em matéria de recurso, é larga sua função, tecendo hipóteses de admissibilidade ou não do apelo (p. ex.: Enunciado n. 297-TST, sobre prequestionamento; Enunciado n. 126-TST, impossibilitando Recurso de Revista para se discutir fatos e provas etc.).

Enfim, *súmula* é o conjunto dos verbetes. Indica globalmente o resumo da jurisprudência do TST. Cada verbete constitui um *enunciado*.

Ao lado dos enunciados, o TST tem editado os chamados *precedentes normativos*, que são sínteses, compilações de decisões reiteradas tomadas num mesmo sentido por aquele pretório em matéria de dissídio coletivo. Por imperativo constitucional, os *precedentes normativos* não podem obrigar as Cortes Regionais, pois não têm poder vinculativo, posto não serem leis e inexistir no Judiciário subordinação judicante.

Uma terceira categoria foi criada, ainda, pelo TST: a dos *precedentes da Seção de Dissídios Individuais* ou *orientação jurisprudencial em dissídios individuais*. De fato, para efeitos do Enunciado n. 333, o TST editou os precedentes da SDI-1 e, mais recentemente, orientações da SDI-2, divulgando matérias já pacificadas por ditas Seções, de forma a orientar a interposição do recurso de revista e dos embargos. A natureza dos *precedentes* não é de *enunciado*, senão de meros indicativos das decisões iterativas da SDI para efeitos de interposição dos recursos supranominados.

Capítulo XIII
RECURSOS E CORREIÇÃO PARCIAL

1. Conceito e pressupostos dos recursos. O juízo de admissibilidade: 1.1 Pressupostos gerais ou genéricos: 1.1.1 Pressupostos de ordem objetiva; 1.1.2 Pressupostos de ordem subjetiva. 1.2 O depósito recursal. 2. Princípios fundamentais dos recursos. 3. Considerações gerais sobre os recursos trabalhistas. 4. Espécies de recursos trabalhistas (arts. 893 e ss., CLT): 4.1 Recurso Ordinário – RO (art. 895, CLT); 4.2 Recurso de Revista – RR (art. 896, CLT); 4.3 Agravo de Instrumento – AI (art. 897, "b", CLT): 4.3.1 Cabimento do Agravo de Instrumento, no processo do trabalho; 4.3.2 Processamento do Agravo de Instrumento trabalhista; 4.3.3 Peças formadoras do Agravo; 4.4 Agravo de Petição – AgPet (art. 897, "a", CLT); 4.5 Embargos para o TST (art. 894, CLT; Lei n. 7.701/1988); 4.6 Agravo Regimental – AgReg (art. 709, § 1º, CLT; Lei n. 5.584/1970, art. 9º; Lei n. 7.701/1988, arts. 2º, II, "d", 3º, III, "c", e 5º, "c"); 4.7 Recurso Extraordinário – RE (art. 102, III, CF); 4.8 Embargos de Declaração – ED (arts. 897-A, CLT, e 535 e ss., CPC); 4.9 Recurso "ex officio" (Decreto-lei n. 779/1969; art. 475, CPC); 4.10 Recurso Adesivo (art. 500, CPC); 4.11 Revisão do valor da causa; 4.12 Recurso em matéria administrativa – RMA. 5. Reclamação Correicional – RC. 6. Protesto em audiência.

1. Conceito e pressupostos dos recursos. O juízo de admissibilidade

Recurso é a medida processual utilizada pelo sujeito para postular à instância superior (juízo *ad quem*) a revisão da matéria anteriormente submetida ao juízo de origem (*a quo*). É por esta medida que a parte recorrente pede a reforma, total ou parcial, da decisão combatida.

Os recursos possuem requisitos que devem ser satisfeitos para o seu manejo. São os chamados *pressupostos recursais*. Estes pressupostos são de ordem *objetiva* e de ordem *subjetiva*. Também podem ser *gerais* (*genéricos*), comuns a todas as espécies recursais, ou *específicos* (*especiais*), inerentes apenas a certas modalidades de recursos. Uma outra classificação diferencia os pressupostos *extrínsecos* dos *intrínsecos*. Os *intrínsecos* têm pertinência com a decisão recorrida considerada em si mesma. Neles, verifica-se o conteúdo e a forma da decisão impugnada. Desta sorte, ao ser emitido o juízo de admissibilidade, toma-se o ato judicial impugnado no momento e da maneira como foi prolatado. Nelson Nery Jr. indica-os: cabimento do apelo, legitimação para recorrer e interesse em recorrer. Os pressupostos *extrínsecos* relacionam-se aos fatores externos da decisão judicial recorrida, sendo, em regra, posteriores a ela. Neste sentido, "para serem aferidos não são relevantes os dados que compõem o conteúdo da decisão recorrida, mas sim fatos a esta supervenientes. Deles fazem parte a *tempestividade, a regularidade formal, a inexistência de fato impeditivo ou extintivo do poder de recorrer e o preparo*".[1]

1.1 Pressupostos gerais ou genéricos

Pressupostos *gerais* ou *genéricos* são aqueles comuns a todo e qualquer tipo de recurso. Podem ser de ordem *objetiva* ou *subjetiva*.

1.1.1 Pressupostos de ordem objetiva

Referem-se ao recurso em si mesmo. São eles:

a) Recorribilidade: o ato decisório deve ser recorrível, o que não ocorre nas sentenças dos processos sumários (Lei n. 5.584/1970, art. 2º), nas decisões interlocutórias (art. 893, § 1º, CLT) e nos acórdãos proferidos no rito sumaríssimo (só cabe recurso de revista se se ofender a Constituição ou contrariar súmula do TST – art. 896, § 6º, CLT).

b) Tempestividade: a interposição deve ser em tempo hábil, previsto pela lei. No processo do trabalho, em geral, o prazo é de 8 dias, sendo em dobro quando o recorrente for o MP ou entidade jurídica de direito público (União, Estados, Municípios, DF, autarquias e fundações), *ex vi* do art. 188, CPC, e do Dec.-lei n. 779/1969.

---

1. Nelson Nery Jr., *Princípios Fundamentais – Teoria Geral dos Recursos*, p. 238.

c) *Singularidade:* mais de um recurso não podem ser interpostos simultaneamente com relação à mesma decisão.

d) *Preparo:* é o pagamento prévio das despesas do processamento e das custas do recurso, sem o que será deserto.

e) *Adequação:* o recurso interposto deverá ser o estabelecido em lei, não outro; porém, se o erro não for grosseiro, um recurso pode ser recebido por outro (princípio da fungibilidade);

f) *forma apropriada:* os recursos devem ser interpostos segundo a forma legal, atendendo à maneira adequada na interposição perante a autoridade competente. No processo do trabalho, podem ser interpostos por simples petição (art. 899, CLT), o que escoima a possibilidade de serem verbais, perante o juízo *a quo*. A expressão *simples petição* clarifica a singeleza dos apelos trabalhistas, que dispensam pormenorizada fundamentação – mas exigem a delimitação da matéria. Contudo, os recursos ditos *extraordinários* (recurso de revista, embargos para o TST e recurso extraordinário para o STF) exigem delimitação pormenorizada, ante os pressupostos especiais que ostentam (prequestionamento, discrepância jurisprudencial, demonstração cabal de violação literal à lei ou à Constituição etc.).

1.1.2 Pressupostos de ordem subjetiva

Estes pressupostos relacionam-se ao recorrente, isto é, consideram os requisitos ou qualidades do sujeito para ele recorrer:

a) *Legitimação:* tem-na o sucumbente ou o terceiro interessado, ou, mais raramente, o MP (art. 499, CPC).

b) *Interesse:* possui interesse para recorrer quem tiver sido afetado desfavoravelmente pela sentença, sejam as partes, seja o terceiro. O interesse do Ministério Público surge quando, agindo na qualidade de *custos legis,* houver necessidade de defender a ordem jurídica, a legalidade, os menores, o interesse público; ou, quando parte, houver sido vencido na demanda.

c) *Sucumbência*: é sucumbente a parte que tiver sido vencida na ação, total ou parcialmente.

d) *Capacidade:* poucos autores fazem remição à capacidade da parte para recorrer, mas ela é imprescindível. Afinal, pode, no curso da ação, a parte perder a capacidade (material ou processual).

Pressupostos recursais

Genéricos (comuns a todos os tipos de recurso)	Objetivos	Tempestividade
		Recorribilidade
		Adequação
		Singularidade
		Preparo
	Subjetivos	Capacidade
		Legitimação
		Interesse
		Sucumbência
Específicos (típicos apenas de algumas espécies recursais)		vedação para discutir fatos e provas
		prequestionamento
		matéria apenas de direito etc.

1.2 O depósito recursal

O *depósito recursal* consiste no valor[2] a ser depositado pelo empregador (quando recorrente), na conta vinculada (do FGTS) do empregado,[3] correspondendo ao teto do *quantum* da condenação (liquidado ou arbitrado na sentença) ou nos valores fixados pelo TST, o que o delimitar primeiro. Se, ao julgar um recurso, o Tribunal acrescentar

    2. O valor do depósito recursal varia de recurso para recurso, consistindo em dois valores, sendo um o dobro do outro, segundo tabela divulgada periodicamente pelo TST. Por isso, o valor simples é o do recurso ordinário; são o dobro deste os valores do recurso de revista, de embargos no TST e o extraordinário. Na ação rescisória, haverá um só depósito recursal, ao atribuído ao recurso de revista (IN n. 03/1993-TST, inc. III).
    Neste sentido, havendo interposições sucessivas de RO, RR e embargos para o TST, ocorrerão, em cada uma dessas espécies, depósitos recursais específicos integrais, no limite do teto indicado para cada modalidade, exceto se alcançado o valor da condenação, quando então a quantia se restringirá àquela bastante para garantir o débito.
    3. Se não houver conta aberta, a empresa providenciará a respectiva abertura (art. 899, § 5º, CLT). A jurisprudência tem entendido que o depósito pode ser feito em banco – normalmente na CEF –, à disposição do juízo.

título à condenação, deverá indicar o valor respectivo, o que influirá para efeitos de depósito recursal posterior e de custas.

Convém, todavia, lembrar os benefícios da justiça gratuita, os quais devem alcançar, também, o empregador (detentor igualmente de *direitos e garantias fundamentais*) e não só o empregado. A conseqüência de seu deferimento será a isenção das custas e/ou do depósito recursal, além do pagamento de outras despesas com o processo (Lei n. 1.060/1950; inc. X, IN n. 03/1993-TST).[4]

A natureza do depósito recursal é de *garantia do juízo recursal* e não de *taxa* nem de instrumento processual forjado para desestimular ou dificultar o exercício do direito ao recurso (inc. I, IN n. 03/1993-TST).

Os valores do depósito recursal são reajustáveis bimestralmente pela variação acumulada do INPC e do IBGE, sendo calculados e publicados no *Diário da Justiça da União* por ato do presidente do Tribunal Superior do Trabalho (Lei n. 8.542/1992; inc. VI, IN n. 03/1993-TST).

Segundo a IN n. 03/1993-TST: "depositado o valor total da condenação, nenhum depósito será exigido nos recursos das decisões posteriores, salvo se o valor da condenação vier a ser ampliado" (inc. II, *a*). Esclarece que, se o valor constante do primeiro depósito, efetuado no limite legal, é inferior ao da condenação, será devida complementação de depósito em recurso posterior, observado o valor nominal remanescente da condenação e/ou os limites legais da redução da condenação. Transitada em julgado a sentença condenatória, os valores que tenham sido depositados e seus acréscimos serão considerados na execução. O depósito será efetivado pelo reclamado recorrente, mediante guia de depósito judicial expedida pela Secretaria Judiciária, à disposição do juízo da causa.

---

4. Estabelece o inc. X da IN n. 03/1993-TST: "Não é exigido depósito recursal, em qualquer fase do processo ou grau de jurisdição, dos entes de direito público externo e das pessoas de direito público contempladas no Decreto-lei n. 779, de 21.9.1969, bem assim da massa falida, da herança jacente e da parte que, comprovando insuficiência de recursos, receber assistência judiciária integral e gratuita do Estado (art. 5º, LXXIV/CF)". Em face das alterações imprimidas pela Lei n. 10.537/2002 ao regime de custas da CLT (art. 790-A), a massa falida não está isenta de custas nem tampouco, complementamos, de depósito recursal. É preciso que haja fator extraordinário para a dispensa do depósito.

Garantida integralmente a execução nos embargos (através da penhora), "só haverá exigência de depósito em qualquer recurso subseqüente do devedor se tiver havido elevação do valor do débito, hipótese em que o depósito recursal corresponderá ao valor do acréscimo, sem qualquer limite" (inc. IV, c, IN n. 03/1993-TST; Enunciado n. 128-TST).

Ainda segundo a mesma Instrução Normativa, "não é exigido depósito para recurso ordinário interposto em dissídio coletivo" (inc. V). Isto porque os DCs não possuem natureza *condenatória*. Quanto ao recurso adesivo, permanece a exigência, observados os mesmos critérios e procedimentos do recurso principal.

As pessoas jurídicas de direito público não se sujeitam ao prévio depósito recursal nem ao pagamento das custas para recorrer (Enunciado n. 4-TST). Entendermos que a isenção quanto à massa falida (Enunciado n. 86-TST) caiu com a Lei n. 10.537/2002, que alterou o regime das custas na CLT (art. 790-A). Por extensão do art. 790-A, CLT, estão isentos do preparo, além dos beneficiários da justiça gratuita: "I – a União, os Estados, o Distrito Federal, os Municípios e respectivas autarquias e fundações públicas federais, estaduais ou municipais que não explorem atividade econômica; II – o Ministério Público do Trabalho".

"O depósito recursal deve ser feito e comprovado no prazo alusivo ao recurso, sendo que a interposição antecipada deste não prejudica a dilação legal" (Enunciado n. 245-TST).

Pela IN n. 03/1993-TST:, "VII – Toda decisão condenatória ilíquida deverá conter o arbitramento do valor da condenação. O acréscimo de condenação em grau recursal, quando ilíqüido, deverá ser arbitrado também para fins de depósito". A inexistência do depósito recursal acarreta a deserção do apelo e, portanto, o seu não seguimento (na instância *a quo*), ou não conhecimento (na instância *ad quem*).

A insuficiência do valor do preparo só acarretará deserção se a parte, intimada para este fim, não a suprir em 5 dias (art. 511, § 2º, CPC).

A par destes, existem outros pressupostos dos recursos. Trata-se de pressupostos específicos de cada apelo. Isto ocorre nos chamados *recursos extraordinários* que, além dos pressupostos gerais, requerem pressupostos específicos na sua interponibilidade. Assim, o recurso de revista, a exemplo do recurso especial do processo comum, exige o prequestionamento da matéria ventilada e a demonstração da divergência jurisprudencial e da violação à lei, conforme a hipótese. Ademais, os recursos extraordinários não se prestam a reexame de fatos e provas (Enunciado n. 126-TST e Súmula n. 279-STF).

2. Princípios fundamentais dos recursos

Os recursos trabalhistas obedecem, no geral, aos mesmos princípios que informam a teoria geral dos recursos. Vejamos alguns:

a) Fungibilidade: significa que o juiz pode receber um recurso interposto equivocadamente pela espécie correta, desde que: o juízo *ad quem* seja o competente, haja dúvida objetiva sobre a modalidade escorreita interponível no caso concreto e a parte não labore em erro grosseiro ou má-fé.

b) Dialeticidade: a petição do recurso conterá os fundamentos de fato e de direito que o embasam. Suas razões devem dar oportunidade ao recorrido, a quem se dará a defesa, o conhecimento pleno da pretensão apelativa, em nome do direito de defesa e do contraditório.

c) Devolutividade: disposto nos arts. 515 e 516, CPC, significa que a interposição do recurso devolve ao juízo *ad quem* o conhecimento da matéria aviada pelas partes e das questões de ordem pública (nulidades absolutas processuais, coisa julgada, incompetência absoluta, litispendência etc.).

d) Proibição da "reformatio in pejus": o órgão revisor (*ad quem*) não pode, ao apreciar o recurso, piorar a situação do recorrente.

e) Consumação: corolário do instituto da preclusão, o princípio da consumação significa que, uma vez exercido o direito de recorrer, consuma-se a oportunidade de fazê-lo, de sorte a impedir que o recorrente torne a impugnar o pronunciamento judicial já impugnado.

f) Voluntariedade: não pode o juiz interpor recurso pela parte nem pelo terceiro, cujas vontades hão de ser respeitadas. Por exceção, algumas sentenças submetem-se ao duplo grau de jurisdição obrigatório (Dec.-lei n. 779/1969).

g) Taxatividade: a legislação não deixa ao alvedrio das partes a criação nem a interposição de recursos. O ordenamento jurídico indica quais os recursos interponíveis, seus prazos, pressupostos e condições de procedibilidade. Na CLT, o rol básico encontra-se no art. 893.

3. Considerações gerais sobre os recursos trabalhistas

Os processos de rito sumário (*causas de alçada*), de valor da causa até dois salários mínimos, só são recorríveis se ventilarem matéria constitucional (Lei n. 5.584/1970). O sucumbente, então, poderá recorrer, de instância a instância, até o STF, se for o caso.

No rito sumaríssimo, da sentença caberá recurso ordinário para o TRT, no prazo de 8 dias. Porém, o recurso de revista (da decisão prolatada no recurso ordinário) só será admitido por contrariedade à súmula do TST e violação direta da CF (art. 896, § 6º, CLT).

As decisões interlocutórias são combatidas no recurso da sentença final, como preliminar, inadmitido o agravo de instrumento.

Os recursos, no processo trabalhista, são interpostos por simples petição (art. 899, CLT), geralmente, têm efeito apenas devolutivo,[5] não suspensivo,[6] e o prazo geral de interposição é de 8 dias, a contar do dia seguinte à intimação da decisão. Igual prazo é conferido para o recorrido apresentar suas contra-razões, depois de notificado daquela interposição (art. 900, CLT). Por decorrência do princípio da igualdade de tratamento, a duração do prazo para contra-arrazoar é a mesma do concedido para a parte contrária recorrer, em todos os recursos, de qualquer espécie (art. 5º, *caput*, CF), excepcionada a prerrogativa da dobra para as entidades públicas e o Ministério Público (art. 188, CPC).

As custas e o depósito recursal, quando for o caso, serão pagos mediante guia própria e terão o seu recolhimento comprovado pelo recorrente no prazo do apelo. O depósito recursal será feito na conta do FGTS do empregado.

No processamento dos recursos, o MPT, atuando junto aos Tribunais, emite parecer, exceto se não houver interesse em causa que justifique sua intervenção (arts. 6º, XV, e 83, II, VII e XIII, LC n. 75/1993). Em se tratando de rito sumaríssimo, o parecer será feito

---

5. O efeito *devolutivo* consiste na transferência, para o tribunal ou juízo *ad quem*, do ato decisório recorrido, a fim de que, reexaminando-o, profira novo julgamento, nos limites do recurso interposto (Moacyr Amaral Santos).

6. O efeito *suspensivo* impede a eficácia do ato decisório desde o instante da interposição do recurso até o seu julgamento final. A sentença, conseqüentemente, não poderá ser executada no seu curso. Nos DCs, o presidente do TST poderá conferir efeito suspensivo ao recurso.

oralmente, na sessão do Tribunal, se houver motivo para a intervenção ministerial.

4. Espécies de recursos trabalhistas (arts. 893 e ss., CLT)

4.1 Recurso Ordinário – RO (art. 895, CLT)

→ **primeiro recurso da sentença ou acórdão**

Destina-se a atacar sentença da instância *a quo* (Varas, juízos de direito, TRTs – estes nos casos de sentenças prolatadas em dissídios individuais e coletivos de sua competência originária) para a instância *ad quem* (o órgão encarregado de conhecer e julgar o recurso trabalhista). O TRT deve ser o da respectiva Região, cujo Juiz do Trabalho ou Juízo de Direito prolatou o *decisum*.

O recurso ordinário é dirigido ao juiz *a quo* por simples petição, protocolada na Secretaria da Vara, no prazo de 8 dias. Cabe agravo de instrumento do despacho que não o receber. Se o juízo originário (*a quo*) receber o recurso, uma vez atendidos os seus pressupostos (inclusive o depósito recursal, se o recorrente for o empregador), notificará a parte contrária para oferecer contra-razões em 8 dias. Com as contra-razões ou escoado *in albis* o prazo, o juiz encaminhará o processo ao Tribunal revisor, por simples despacho.

As sentenças proferidas nos processos de rito sumário (de até 2 salários mínimos) só são recorríveis se a decisão ofender a Constituição Federal (art. 2º, Lei n. 5.584/1970). No rito sumaríssimo, a *recorribilidade* é a normal das demais sentenças, incluindo matérias fáticas e de direito.

No Tribunal *ad quem*, os autos são enviados à Procuradoria do Trabalho (Regional ou Geral, dependendo do caso), para oferecer parecer. Devolvido o processo à corte, sorteia-se o relator e, observadas as normas do Regimento Interno do Tribunal, define-se o revisor.

O processo é colocado em pauta para julgamento após os *vistos* do relator e do revisor. Na sessão designada, faculta-se às partes, após o relatório, sustentar oralmente suas alegações. Em seguida, colhem-se os votos dos integrantes da Turma ou Seção. Os presidentes da turma e do Tribunal têm voto de desempate. O recurso interponível do acórdão do TRT para o TST é o de revista.

Atacando sentença proferida sob o rito sumaríssimo (art. 895, § 1º, CLT), no TRT, o recurso ordinário terá processamento acelerado, sendo submetido de logo ao juiz-relator, o qual o liberará em 10 dias, sendo posto em pauta para julgamento. O parecer do MPT será oral, em sessão, caso vislumbre presente interesse público. O acórdão consistirá na certidão de julgamento, indicando o processo e a parte dispositiva, e das razões de decidir do voto prevalecente. Se a sentença for confirmada por seus próprios fundamentos, a certidão de julgamento, registrando tal circunstância, servirá de acórdão. Do acórdão, só caberá recurso de revista na hipótese de ofensa direta à Constituição Federal ou à súmula do TST (art. 896, § 6º, CLT).

4.2 Recurso de Revista – RR (art. 896, CLT)

→ *recurso do recurso*

O recurso de revista (RR) é o apelo que visa a combater a decisão do TRT proferida em grau recursal e se dirige ao TST. O RR é o recurso do recurso (de RO ou de Agravo de Petição) e serve, basicamente, para atacar a decisão do TRT que:

a) der ao mesmo dispositivo de lei federal interpretação diversa da que lhe houver dado outro TRT, no seu Pleno ou Turma, a Seção de Dissídios Individuais do TST, ou a Súmula dessa Corte;

b) der ao mesmo dispositivo de lei estadual, Convenção Coletiva de Trabalho, Acordo Coletivo, sentença normativa ou regulamento empresarial de observância obrigatória em área territorial que exceda a jurisdição do TRT prolator da decisão recorrida, interpretação divergente, na forma da alínea "a"; ou

c) for proferida com violação literal de disposição de lei federal ou afronta direta e literal à Constituição Federal.

Qualquer uma dessas hipóteses autoriza a interposição do apelo, no prazo de 8 dias, contados da intimação do acórdão do TRT (art. 6º da Lei n. 5.584/1970). O prazo para contra-razões também é de oito dias, contados da intimação do recorrido (no art. 900, CLT).

Na execução, das decisões proferidas pelos TRTs ou por suas Turmas, inclusive em processo incidente de embargos de terceiros, não cabe RR, salvo na hipótese de ofensa direta e literal à Constituição Federal (art. 896, § 2º, CLT). A ofensa à CF há de ser frontal. Depreende-se daí, que será, no mínimo, de bom alvitre indicar-se o dispositivo violado, ante os termos utilizados pelo dispositivo.

Nas causas sujeitas ao rito sumaríssimo, somente será admitido RR por contrariedade a súmula do TST e violação direta da Constituição da República (art. 896, § 6º, CLT).

O RR exige o prequestionamento da matéria ventilada,[7] a demonstração da divergência jurisprudencial e a ocorrência de violação de lei, conforme a hipótese. Bem ainda, o RR não é admissível para o reexame de fatos e provas (Enunciado n. 126-TST, e Súmula n. 279-STF). A discussão será apenas jurídica, de aplicação de lei ou de divergência jurisprudencial. O valor do depósito recursal do RR é o dobro daquele indicado para o RO.

A MP n. 2.226, de 4.9.2001, acrescentando o art. 896-A à CLT, estabeleceu que "o Tribunal Superior do Trabalho, no recurso de revista, examinará previamente se a causa oferece transcendência com relação aos reflexos gerais de natureza econômica, política, social ou jurídica". A demonstração dessa dimensão do apelo, a ultrapassar o mero interesse individual, é pressuposto recursal específico do RR (*transcendência*), a ser enfrentada na petição recursal. Mas o TST ainda não regulamentou a matéria, donde ser inaplicável.

Uma das hipóteses de interposição do RR é a *divergência jurisprudencial* (art. 896, *a*, CLT). A natureza deste apelo é *extraordinária* e a sua finalidade precípua é a de uniformizar, nacionalmente, a jurisprudência trabalhista, através do TST, evitando conclusões diferentes sobre o mesmo assunto. Por isso, a matéria passível de veiculação, nesta modalidade recursal, é a de direito, e não a fática (Enunciado n. 126-TST).

---

7. Enunciado n. 297-TST: "Diz-se prequestionada a matéria quando na decisão impugnada haja sido adotada, explicitamente, tese a respeito. Incumbe à parte interessada interpor embargos declaratórios objetivando o pronunciamento sobre o tema, sob pena de preclusão". A matéria estará prequestionada se a sentença se manifestar explicitamente sobre ela (Enunciado n. 298-TST).

A divergência tem de ser em face de *outro* TRT (Pleno ou Turmas) ou da SDI/TST. No TST, desservel de paradigma acórdão da SDC, da Sessão Administrativa ou de suas Turmas, mesmo quando a matéria discutida for de índole estritamente processual, apreciada por quaisquer destes órgãos.

Preceitua o § 3º do art. 896, CLT, que não serve a Súmula do TRT para ensejar a admissibilidade do RR quando contrariar Enunciado do TST; ou seja, o dispositivo deixa evidente a importância dos Enunciados do TST, os quais orientam o cabimento da revista, predominando sobre o entendimento regional.

Outrossim, há necessidade de ser atual a jurisprudência invocada no recurso de revista. Na inteligência do § 4º do art. 896, CLT, "a divergência apta a ensejar o recurso de revista deve ser atual, não se considerando como tal a ultrapassada por súmula, ou superada por iterativa e notória jurisprudência do Tribunal Superior do Trabalho".

Segundo o Enunciado n. 337-TST, para comprovação de divergência justificadora do recurso, é necessário que o recorrente: "I – junte certidão ou cópia autenticada do acórdão paradigma ou cite a fonte oficial ou repositório autorizado em que foi publicado; II – transcreva, nas razões recursais, as ementas e/ou trechos dos acórdãos trazidos à configuração do dissídio, mencionando as teses que identifiquem os casos confrontados, ainda que os acórdãos já se encontrem nos autos ou venham a ser juntados com o recurso".[8]

Por força da alínea *b* do art. 896, CLT, enseja o recurso a decisão que divergir de acórdãos de outros TRTs (por seu Pleno ou Turmas), da SDI/TST ou da Súmula do TST, referente a aplicação de negócio coletivo, sentença normativa, lei estadual ou regulamento empresarial

---

8. Repositórios autorizados pelo TST: 1) *Síntese Trabalhista*; 2) *Revista LTR*; 3) *Genesis*; 4) *Jurisprudência Brasileira Trabalhista*; 5) *Revista Trimestral de Jurisprudência dos Estados*; 6) Série *Jurisprudência ADCOAS*; 7) *Decisório Trabalhista*; 8) *Revista de Jurisprudência Trabalhista do Rio Grande do Sul*; 9) *Dicionário de Decisões Trabalhistas* (Calheiros Bonfim); 10) *Nova Jurisprudência em Direito do Trabalho* (Valentin Carrion); 11) *Revista de Direito do Trabalho*; 12) *Julgados Trabalhistas Selecionados* (LTR); e 13) *Repertório de Jurisprudência Trabalhista* (João de Lima Teixeira Filho); 14) *Trabalho & Doutrina*; 15) *SDI – Jurisprudência Uniformizadora do TST*; 16) *Ciência Jurídica do Trabalho*; 17) *Revista Nacional de Direito do Trabalho*. Esta relação é atualizada periodicamente pelo TST, que pode admitir novos repositórios.

de observância obrigatória em área territorial que exceda a jurisdição do TRT prolator da decisão recorrida.

Além de se destinar a uniformizar a jurisprudência nacional, o RR visa a fazer respeitar lei nacional, cujo âmbito de abrangência ultrapasse os limites dos Estados e das Regiões sob a jurisdição dos TRTs. Também colima uniformizar a interpretação constitucional, dando margem a que haja discussão da matéria, com possibilidade de se chegar até o STF, guardião máximo da CF, encarregado de conferir-lhe a interpretação definitiva. É interponível, pois, o RR para combater decisão proferida "com violação literal de disposição de lei federal ou afronta direta e literal à Constituição Federal" (art. 896, *c*, CLT).

A ofensa à lei, que se ataca no apelo, é somente aquela *literal*, desvalendo arrazoar o recurso com argumentos indiretos, reflexos. A mácula à letra da lei é indispensável.

De seu turno, a ofensa à Constituição, questionada no RR, tem de ser direta (frontal ao texto constitucional) e literal. A ofensa a *princípio* não o autoriza, salvo se ele estiver regrado explicitamente pela CF, positivado expressa e literalmente (ex.: a igualdade de tratamento, a publicidade, a eficiência, a irredutibilidade salarial etc.). Uma vez regrado, é possível averiguar-se a literalidade da norma e, portanto, aquilatar a sua ofensa.

Interposto o recurso ao presidente do TRT recorrido, dentro de 8 dias, este emitirá despacho de admissibilidade, expondo os fundamentos pelos quais nega ou dá seguimento ao apelo. É o *juízo de admissibilidade*, onde se analisa a satisfação dos pressupostos recursais, gerais e específicos. Se negada a subida, o despacho é atacável por agravo de instrumento, no prazo de 8 dias. Recebido, o presidente do Tribunal recorrido notificará a parte contrária para apresentar contrarazões. Oferecidas estas, o presidente do TRT poderá, excepcionalmente, rever o seu despacho anterior e, conseqüentemente, negar a subida ao apelo, notificando-se o recorrente, o que tornará cabível o agravo de instrumento a partir daí. Mantido o despacho, encaminhará o processo ao TST, podendo ser promovida a execução provisória, mediante *carta de sentença*, eis que o RR só possui efeito *devolutivo*.

A IN n. 17-TST, interpretando a Lei n. 9.756/1998, regulou o procedimento interno do RR no âmbito do TST; e a IN n. 23, com a redação da Resolução 118-TST (*DJ* 14.8.2003), atualizou a matéria.

4.3 Agravo de Instrumento – AI (art. 897, "b", CLT)

4.3.1 Cabimento do Agravo de Instrumento, no processo do trabalho

Cabe agravo de instrumento dos despachos denegatórios do seguimento dos recursos, em qualquer instância, mesmo para a extraordinária (STF, quando a denegação for do TST). Ao contrário do processo civil, no processo do trabalho o agravo de instrumento só cabe nesta hipótese, mesmo quando se tratar de apelo interposto em ação típica do processo comum (ação cautelar, ação civil pública, ação rescisória etc.). Seu objeto, portanto, é o destrancamento do recurso denegado, sustentando a satisfação de todos os pressupostos recursais.

No primeiro grau, a petição do agravo será dirigida ao juízo prolator do despacho denegatório, o qual, observadas as formalidades inerentes à espécie e ouvido o agravado, enviará os autos do AI ao Tribunal competente para conhecer e julgar o recurso principal, cuja subida fora negada.

O juiz não poderá negar, em hipótese alguma, seguimento ao agravo. Mesmo sem os pressupostos dos recursos, o agravo subirá para o Tribunal *ad quem* (art. 897, § 3º, CLT).

Descabe depósito recursal e preparo no AI (inc. XI, IN n. 16/1999-TST). Contudo, a CLT (art. 789-A, III) exige custas no AI interposto no processo de execução.

O prazo para interposição do AI é de 8 dias (art. 897, CLT), incumbindo ao interessado apresentar as cópias dos documentos que formarão o recurso. Também é de 8 dias o prazo para a parte contrária contra-arrazoar.

Esta modalidade recursal comporta juízo de retratação, isto é, o magistrado *a quo* pode reformar seu despacho denegatório e receber o apelo principal, destrancando-o e ordenando-lhe seguimento, ocasião em que o agravo ficará prejudicado, devendo notificar as partes do novo pronunciamento. De toda sorte, não possui efeito suspensivo.

4.3.2 Processamento do Agravo de Instrumento trabalhista

O agravo é processado em autos apartados, dirigindo-se a petição à autoridade judiciária prolatora do despacho agravado, e dispensa preparo, salvo as custas quando interposto na execução.

Depois de protocolizado e autuado, será o agravo concluso ao juiz prolator do despacho agravado para reforma ou confirmação da decisão impugnada (juízo de retratação), observada a competência estabelecida nos arts. 659, VI, e 682, IX, CLT (inc. IV, IN n. 16/1999-TST). A interposição do apelo será certificada nos autos, bem como a decisão que determina o seu processamento ou que reconsidera o despacho agravado.

Mantida a decisão agravada, o recorrido será notificado para contra-arrazoar, no prazo de 8 dias. A resposta do agravado será ao *agravo* e ao *recurso principal*, devendo ser instruída com as peças necessárias ao julgamento de ambos os recursos (art. 897, § 6º, CLT). Em seguida, o agravo será remetido ao juízo competente.

O ônus de formar o agravo e de instruir as contra-razões é dos interessados, desvalendo o pedido de traslado de peças, as quais devem ser juntadas em original ou em cópias autenticadas ou conferidas com o original. Pode o próprio advogado firmar a veracidade das peças. O agravo mal formado leva ao seu *não conhecimento* e não admite a conversão do feito em diligência para suprir a ausência de peças, ainda que essenciais. As peças trasladadas conterão informações que identifiquem o processo do qual foram extraídas, autenticadas uma a uma, no anverso ou verso. Não será válida a cópia de despacho ou de decisão que não contenha a assinatura do juiz prolator, nem as certidões subscritas por serventuário sem as informações acima exigidas.

A Turma do Tribunal julgará o agravo, dando-lhe ou negando-lhe provimento. Se provido, o Tribunal deliberará sobre o julgamento do recurso principal, observando, daí em diante, o procedimento relativo a esse recurso. Vale dizer, se julga de logo o recurso principal ou não: *a) caso positivo*, passará à etapa seguinte, inerente ao julgamento desse recurso, adotando-se o rito apropriado à espécie; *b) caso negativo*, determinará ao juízo *a quo* a remessa dos autos do apelo destrancado, o qual, chegando ao juízo *ad quem*, receberá o tratamento de praxe, conforme a natureza do recurso e o rito estabelecido pela lei e pelo Regimento Interno do Tribunal (autuação, remessa ao MPT, distribuição, designação de relator, revisor etc.). Em momento algum o Tribunal deixará de lavrar o acórdão da decisão proferida no agravo.

Preceitua o inc. XIII, IN n. 16/1999-TST, que "o agravo de instrumento de despacho denegatório de recurso extraordinário obedecerá à disciplina especial, na forma de Resolução da Suprema Corte". Atualmente, a Resolução n. 140, de 1.2.1996, do STF disciplina a matéria.[9]

4.3.3 Peças formadoras do Agravo

A petição do AI conterá a exposição do fato e do direito e as razões do pedido de reforma da decisão. O agravante não se prenderá apenas aos pressupostos recursais do apelo cuja subida fora denegada (o que constitui o mérito do AI). Mas é lícito que o agravante faça mera menção ao recurso principal, cujas razões serão anexas ao agravo.

Nas contra-razões, abre-se oportunidade ao agravado, semelhantemente e em nome do princípio do contraditório e da ampla defesa, para impugnar o agravo e o recurso principal.

Se provido o agravo, o órgão competente do Tribunal poderá julgar o recurso principal, a partir das peças formadoras do agravo apreciado.

É por isso que o art. 897, § 5º, CLT, arrola as peças formadoras do agravo de instrumento, estabelecendo que *as partes, sob pena de não conhecimento, promoverão a formação do instrumento do agravo de modo a possibilitar, caso provido, o imediato julgamento do recurso denegado* (art. 897, § 5º, CLT). Em seguida, nos incs. I e II, o mesmo dispositivo elenca as peças a serem juntadas, classificando-as em *obrigatórias* e *facultativas,* assim:

I – *obrigatórias*: cópias da decisão agravada, da certidão da respectiva intimação, das procurações outorgadas aos advogados do

---

9. O AI interposto contra despacho denegatório de RE (para o STF) obedecerá à disciplina da Resolução n. 140/1996-STF. Vale dizer, o AI é cabível das decisões denegatórias do recurso extraordinário, no prazo de 10 dias, em petição dirigida ao presidente do TST. Além das peças previstas no § 1º do art. 544 do CPC, com a redação dada pela Lei n. 8.950/1994, e quaisquer outras essenciais à compreensão da controvérsia, a petição de agravo será instruída com cópia das peças necessárias à verificação da tempestividade do recurso extraordinário indeferido. O agravado será intimado para oferecer resposta no prazo de 10 dias, que poderá, ser instruída com cópia das peças processuais que entender convenientes. Oferecida ou não resposta, o agravo subirá ao STF.

agravante e do agravado, da petição inicial, da contestação, da decisão originária, da comprovação do depósito recursal e do recolhimento das custas;

II – *facultativas*: outras peças que o agravante reputar úteis ao deslinde da matéria de mérito controvertida.

Se o agravante deixar de juntar peça essencial ao apelo e à possibilidade de julgamento do recurso principal, a conseqüência será o *não conhecimento* do agravo. Se a falta, no entanto, for da parte agravada, assumirá esta os riscos da sua incúria.

Provido o AI, o Tribunal votará se pode julgar de logo o recurso principal. Então: *a)* caso positivo, adotar-se-á o rito apropriado à espécie; *b)* caso negativo, determinará a subida dos autos onde o apelo fora interposto, os quais, chegando ao juízo *ad quem*, receberá o tratamento de praxe.

4.4 Agravo de Petição – AgPet (art. 897, "a", CLT)

→ *ataca processo de execução*

O agravo de petição tem a peculiaridade de só caber no processo de execução, combatendo *decisões do juiz,* sem efeito suspensivo. Neste corolário, é o recurso cabível, p. ex., da sentença: *a)* proferida nos embargos à execução (art. 884, § 4º, CLT) e à praça; *b)* prolatada nos embargos de terceiro (art. 1.046, CPC); *c)* que defere a arrematação (art. 888, CLT); e *d)* que julga embargos à arrematação (art. 746, CPC). Em princípio, a decisão atacável é a *sentença*, mas não cabe agravo da sentença de liquidação porque o art. 884, § 3º, CLT, é expresso em afirmar que "somente nos embargos à penhora" se poderá impugnar a sentença de liquidação. Além das sentenças, o AgPet serve para atacar decisões judiciais (não *despachos*) na execução.

A petição é protocolada no juízo prolator da decisão, no prazo de 8 (oito) dias, sendo o recurso julgado pelo TRT. Tratando-se de ação de competência originária do TRT, o agravo será julgado pelo próprio Tribunal. Conforme estabelece § 3º do art. 897, CLT: "(...) o agravo será julgado pelo próprio Tribunal, presidido pela autoridade recorrida, salvo se se tratar de decisão de Juiz do Trabalho de 1ª Instância ou de Juiz de Direito, quando o julgamento competirá a uma das Turmas do Tribunal Regional a que estiver subordinado o prolator da sentença, observado o disposto no art. 679, a quem este remeterá as peças necessárias para o exame da matéria controvertida, em autos apartados, ou nos próprios autos, se tiver determinada a extração de carta de sentença".

Além do pagamento das custas, a interposição do agravo requer esteja seguro o juízo da execução. O depósito recursal só será exigido se houver margem do débito descoberta pela garantia do juízo. Nesta esteira, a IN n. 03/1993-TST esclarece que haverá a exigência de depósito em qualquer recurso subseqüente do devedor se tiver ocorrido elevação do valor do débito, "hipótese em que o depósito recursal corresponderá ao valor do acréscimo, sem qualquer limite" (inc. IV, c). A alínea e do inc. IV da a mesma IN 03/1993-TST dispõe: "com o trânsito em julgado da decisão que liquidar a sentença condenatória, serão liberados em favor do exeqüente os valores disponíveis, no limite da quantia exeqüenda, prosseguindo, se for o caso, a execução por crédito remanescente, e autorizando-se o levantamento, pelo executado, dos valores que acaso sobejarem".

Primordialmente, o objeto do agravo de petição é matéria relacionada a cálculos, a questões surgidas na execução e decididas insatisfatoriamente pelo juiz. A propósito, o § 1º do art. 897, CLT, estabelece que "o agravo de petição só será recebido quando o agravante delimitar, justificadamente, as matérias e os valores impugnados, permitida a execução imediata da parte remanescente até o final, nos próprios autos ou por carta de sentença".

O INSS pode interpor agravo de petição no que se refere às contribuições previdenciárias (art. 897, § 8º, CLT). Assim, "quando o agravo de petição versar apenas sobre as contribuições sociais, o juiz da execução determinará a extração de cópias das peças necessárias, que serão autuadas em apartado, conforme dispõe o § 3º, parte final, e remetidas à instância superior para apreciação, após contraminuta". O prazo para interposição será em dobro pelo INSS, o qual não fará depósito prévio, não pagará custas nem precisará garantir o juízo, eis que não é devedor na ação executiva, mas, sim, credor. Urge, de toda forma, delimitar a matéria e os valores impugnados.

4.5 Embargos para o TST (art. 894, CLT; Lei n. 7.701/1988)

Os embargos, que não têm efeito suspensivo, são interponíveis no âmbito do TST (recurso interno), no prazo de 8 dias da publicação do acórdão. Possui requisitos semelhantes aos do RR, inclusive quanto ao depósito recursal.

A competência para apreciá-los, no TST, é:

a) da Seção Especializada em Dissídios Coletivos (SDC), contra decisão não-unânime proferida em processo de dissídio coletivo de sua competência originária, salvo se a decisão atacada estiver em consonância com precedente normativo do TST ou com Súmula sua – são chamados de *Embargos infringentes* (art. 2º, II, c, Lei n. 7.701/1988; art. 72, II, RI-TST);

b) da Seção Especializada em Dissídios Individuais-I (SDI-1), contra as decisões divergentes das Turmas ou destas com decisão da Seção de Dissídios Individuais, com Orientações Jurisprudenciais ou com enunciado da Súmula e, ainda, as que violarem literalmente preceito de lei federal ou da Constituição da República – são chamados de *Embargos de divergência* (art. 3º, III, *b*, Lei n. 7.701/1988; art. 73, II, RI-TST).

Tanto nestes como no RR descabe reexame de fatos e provas (Enunciado n. 126-TST), exigindo-se o prequestionamento da matéria. A divergência jurisprudencial, para admissão do apelo, é comprovada da mesma maneira como no RR (Enunciado n. 337-TST), para onde remetemos o leitor.

São os embargos infringentes dirigidos ao presidente da SDC e os de divergência ao presidente da Turma do TST, apresentada a petição no protocolo da Secretaria, devendo ser remetida em 24 horas ao secretário, que a submeterá ao Presidente. Admitidos, abrir-se-á vista ao embargado para impugnação, pelo prazo de 8 dias. Denegado o processamento, cabe AI (RI-TST, art. 73).

Normalmente, são interponíveis das decisões do TST prolatadas no RR.

4.6 Agravo Regimental – AgReg (art. 709, § 1º, CLT; Lei n. 5.584/1970, art. 9º; Lei n. 7.701/1988, arts. 2º, II, "d", 3º, III, "c", e 5º, "c")

Trata-se de recurso previsto nos Regimentos Internos dos Tribunais, que fixam o prazo de interposição (em geral, de 8 dias) e ataca decisões da própria Corte. O Regimento Interno do TST o prevê nos arts. 243 e ss. Apesar de alguns tribunais estabelecerem o processamento do AgReg em autos apartados, o conveniente (e normal) é que sigam nos mesmos autos em que fora prolatada a decisão combatida.

Normalmente, é cabível:

a) do despacho do presidente do Tribunal ou de Turma que indeferir os embargos (art. 3º, III, *c*, Lei n. 7.701/1988);

b) do despacho do presidente do Tribunal que conceder ou negar efeito suspenso ao recurso ordinário, nos dissídios coletivos econômicos (art. 2º, II, *d*, Lei n. 7.701/1988);[10]

c) do despacho do relator que negar prosseguimento ao recurso (art. 9º, Lei n. 5.584/1970);

d) do despacho do relator que indeferir a petição da ação rescisória;

e) do despacho ou decisão do Presidente do Tribunal, de presidente de Turma ou relator que causar prejuízo ao direito da parte, exceto aqueles contra os quais já haja remédio legal previsto na legislação ou no Regimento Interno do TST; e

f) das decisões do Corregedor-Geral (art. 709, § 1º, CLT).

Seu efeito é, apenas, o devolutivo.

O juiz prolator do despacho ou decisão agravados poderá revê-los e autorizar o processamento ou modificar o *decisum*. Mantendo-os, o agravo será julgado pela Corte que conheceria do recurso ou do processo trancado, sem prévia publicação de pauta. Inexiste previsão de contra-razões nem é permitida a sustentação oral. Seu rito e outros casos de cabimento dependem do Regimento do Tribunal respectivo.

4.7 Recurso Extraordinário – RE (art. 102, III, CF)

O recurso extraordinário (RE) colima a reforma da decisão, nas causas julgadas em única ou última instância, dos tribunais pelo STF, quando ferir dispositivo da CF ou declarar inconstitucional tratado ou lei federal (art. 102, III, CF).

---

10. Atualmente, o presidente do TST pode conferir efeito suspensivo ao recurso ordinário de sentença normativa. Antes, este efeito já vinha sendo alcançado mediante a utilização de ações cautelares inominadas, com pedido de liminar, para obter a suspensão dos efeitos da sentença atacada.

Na verdade, sua índole é de *apelo constitucional*, pois é comum a todas as modalidades de ação, quer seja Civil, penal, eleitoral, tributária ou trabalhista, e almeja resgatar o respeito à CF.

O prazo de interposição é de 15 dias (art. 508, CPC), após o que serão os autos conclusos para admissão ou não do recurso, no interregno de 5 dias. A denegação do RE enseja AI para o STF, em 5 dias. Admitido, deverão os autos ser imediatamente remetidos ao STF, ouvida a parte contrária, também em 15 dias.

A interposição é feita perante o presidente do Tribunal recorrido[11] (art. 541, CPC). O recurso será recebido apenas no efeito devolutivo, possibilitando a execução provisória. Alguns autores, contudo, defendem ser *definitiva* a execução nesta hipótese, por força do art. 893, § 2º, CLT.

A petição do recurso deve conter as razões que o fundamentam. É pressuposto do RE o prequestionamento da matéria recorrida nas instâncias anteriores e que não caiba mais nenhum apelo.

Quanto às causas de alçada (ritos sumário e sumaríssimo), não significa possa ser interposto da Vara do Trabalho diretamente para o STF. Havendo ofensa à Constituição, deverá o interessado percorrer todas as instâncias normais da Justiça do Trabalho (TRT e TST).

4.8 Embargos de Declaração – ED
(arts. 897-A, CLT, e 535 e ss., CPC)

Discutida é a natureza jurídica dos embargos de declaração (ED), mas prevalece a opinião de que é de recurso. No CPC, os ED estão inseridos entre os recursos (Título X, Capítulo V, arts. 535 a 538). Na CLT, a remissão a eles também se encontra na parte referente aos recursos (art. 897-A).

São cabíveis no prazo de 5 dias, nas Varas e nos Tribunais, quando a sentença ou o acórdão omitirem ponto sobre o qual deviam se pronunciar ou quando apresentarem obscuridade ou contradição (art. 535, CPC). *Ex vi* do art. 897-A da CLT: "caberão embargos de

---

11. Em se tratando de processo trabalhista, será interposto perante o presidente do TST, porquanto descabe RE das decisões dos TRTs ou das Varas do Trabalho, diretamente.

declaração da sentença ou acórdão, no prazo de cinco dias, devendo seu julgamento ocorrer na primeira audiência ou sessão subseqüente a sua apresentação, registrado na certidão, admitido efeito modificativo da decisão nos casos de omissão e contradição no julgado e manifesto equívoco no exame dos pressupostos extrínsecos do recurso". Já dispunha o Enunciado n. 278-TST: "A natureza da omissão suprida pelo julgamento de embargos declaratórios pode ocasionar efeito modificativo no julgado". Pelo efeito modificativo, admissível apenas quando houver *omissão* ou *contradição* e se tratar de pressuposto extrínseco, possibilita-se que a decisão embargada seja alterada.

Há *contradição* quando, após o julgado ter formulado uma proposição, apresenta conclusão em desacordo com a idéia formulada. Ocorre *omissão* quando o julgador deixa de pronunciar-se sobre algum ponto cuja manifestação fora solicitado, pela forma regular e cabível, ou sobre matéria que lhe cabia, de ofício, conhecer e decidir. A *obscuridade* dá-se na falta de clareza do julgado, quando ele deixa pouco compreensíveis ou ininteligíveis as razões de decidir e/ou a conclusão. Na verdade, atualmente, a *obscuridade* alcança as hipóteses de *dúvida* que a sentença ou o acórdão expressam.

Inexiste preparo nos embargos declaratórios, que dispensam, ainda, a ouvida da parte contrária (exceto, quando colimarem efeito modificativo – Precedente Normativo n. 142, SDI-1/TST).

Os ED interrompem o prazo para a interposição de outros recursos, por qualquer das partes (art. 538, CPC). Na *interrupção,* o prazo "zera-se" o prazo já iniciado recomeçando a ser contado do início; após a causa interruptiva, recomeça a contagem novamente, desde o seu início, não se aproveitando o lapso já transcorrido. A interrupção causada pelos ED é para a interposição de *outros* recursos e não de novos ED.

Sendo manifestamente protelatórios os ED, "o juiz ou o tribunal, declarando que o são, condenará o embargante a pagar ao embargado multa não excedente de 1% (um por cento) sobre o valor da causa. Na reiteração de embargos protelatórios, a multa é elevada a até 10% (dez por cento), ficando condicionada a interposição de qualquer outro recurso ao depósito do valor respectivo" (art. 538, par. ún., CPC).

4.9 Recurso "ex officio" (Decreto-lei n. 779/1969; art. 475, CPC)

Quando as pessoas jurídicas de direito público interno que não explorem atividade econômica[12] forem vencidas, parcial ou totalmente, deverá o juiz prolator da sentença remeter, de ofício, os autos à instância superior para reapreciação da causa (duplo grau de jurisdição obrigatório). A inércia do magistrado enseja avocação dos autos pelo Tribunal (art. 475, par. ún., CPC). Parte da doutrina entende que o instituto não é recurso, mas mera condição de eficácia da sentença.

O Enunciado n. 303-TST é de clareza meridiana: "Está sujeita ao duplo grau de jurisdição, mesmo na vigência da Constituição Federal de 1988, decisão contrária à Fazenda Pública, salvo: a) quando a condenação não ultrapassar o valor correspondente a 60 salários mínimos; b) quando a decisão estiver em consonância com decisão plenária do Supremo Tribunal Federal ou com Enunciados de Súmula ou Orientação Jurisprudencial do Tribunal Superior do Trabalho".

Ultrapassado o prazo para o recurso voluntário das partes, quer tenha ele sido interposto, quer não o tenha, o juízo prolator da sentença remeterá os autos à instância superior. Havendo recurso voluntário de alguma ou de ambas as partes (recurso ordinário), será ele analisado em sua admissibilidade, intimar-se-á a parte contrária para contra-arrazoar e, depois, suceder-se-á a remessa *ex officio*. No Tribunal *ad quem*, após ouvir o MPT e satisfeitas as regras procedimentais próprias, o órgão recursal competente examinará tanto o recurso voluntário quanto o chamado recurso *ex officio*, conforme a ordem de prejudicialidade intrínseca que um possa acarretar ao outro.

A remessa oficial inibe a execução do julgado, que não poderá ser iniciada até a sua confirmação pelo tribunal competente.

4.10 Recurso Adesivo (art. 500, CPC)

Quando o autor, tendo efetuado mais de um pedido ("a" + "b" + "c"), saia vitorioso apenas em parte, tem-se que ele é derrotado parcialmente, enquanto sucede o mesmo com o réu, apenas invertendo os pólos. Significa dizer que ambos os litigantes têm interesse em

---

12. União, Estados, DF, Municípios, autarquias e fundações de direito público.

recorrer no ponto em que cada um perdeu. Mas isso não significa, necessariamente, que ambos recorrerão, pois se assim agissem teríamos recursos *simultâneos*.

Para o TST, o recurso adesivo é compatível com o processo do trabalho (Enunciado n. 283-TST).[13]

Seu pressuposto é a reciprocidade de sucumbência (em títulos distintos); e o recorrente só demonstra seu inconformismo com o julgado porque o outro sucumbente recorreu. O momento para interposição do recurso adesivo é o das contra-razões, embora seja apresentado pelo recorrido em petição distinta. Reza o art. 500, I, CPC, que o recurso adesivo "será interposto perante a autoridade competente para admitir o recurso principal, no prazo de que a parte dispõe para responder".

É acessório ao principal, que pode ser RO, AP, RR, Embargos para o Pleno (Enunciado n. 283-TST) ou RE. O não seguimento do principal prejudicará o acessório, embora a matéria veiculada não seja a daquele. Nesta relação de dependência, o adesivo não será conhecido se houver desistência do recurso principal, ou se for ele declarado inadmissível ou deserto (art. 500, III, CPC). Enfim, quanto aos pressupostos recursais (juízo de admissibilidade), o adesivo acompanha o recurso principal.

Se o recurso adesivo for do empregador, necessário se faz o depósito recursal. Não havendo dispensa de custas, estas serão imprescindíveis à admissão dos apelos principal e adesivo, a serem efetuadas por cada um dos recorrentes, no limite de suas responsabilidades.

4.11 Revisão do valor da causa

As decisões interlocutórias não são recorríveis no processo do trabalho, a não ser quando da sentença final, na ocasião do recurso apropriado (art. 799, §§ 1º e 2º, CLT; Enunciado n. 214-TST).

Contudo, a Lei n. 5.584/1970 criou modalidade de apelo das decisões proferidas na impugnação ao valor da causa. Assim, fixado o

---

13. Enunciado n. 283-TST: "O recurso adesivo é compatível com o processo do trabalho, onde cabe, no prazo de oito dias, nas hipóteses de interposição de recurso ordinário, de agravo de petição, de revista e de embargos, sendo desnecessário que a matéria nele veiculada esteja relacionada com a do recurso interposto pela parte contrária".

valor da causa em audiência, nas razões finais incumbirá ao interessado impugnar a dito valor. Então, o momento para a impugnação ao valor da causa é o das razões finais, por qualquer das partes (art. 2º, § 1º, Lei n. 5.584/1970), antes da última tentativa de conciliação. Embora seja este o mandamento da lei, a prática vem adotando o sistema de impugnação por ocasião da contestação, como no processo comum, o que se nos afigura acertado, especialmente após a Lei n. 9.957/2000, que instituiu o rito sumaríssimo na CLT. Defendemos, inclusive, a revogação da Lei n. 5.584/1970, quanto à forma de impugnação do valor da causa e de revisão da decisão do juiz nela proferida. O seu sistema é esdrúxulo.

Se o juiz rejeitar a impugnação, mantendo aquele valor, a parte disporá de 48 horas para pedir a *revisão* do decisório ao presidente do TRT correspondente.

O pedido de revisão, que não terá efeito suspensivo, deverá ser instruído com a petição inicial e a ata da audiência, em cópia autenticada pela Secretaria da Vara, e será julgado em 48 horas, a partir do seu recebimento pelo presidente do TRT (art. 2º, § 2º, Lei n. 5.584/1970).

4.12 Recurso em matéria administrativa – RMA

Esta modalidade de recurso foi criada pelo TST através do seu Enunciado n. 321, que reza: "Das decisões proferidas pelos Tribunais Regionais, em processo administrativo, cabe recurso para o Tribunal Superior do Trabalho tão-somente para exame da legalidade do ato". Trata-se de recurso administrativo, no qual a matéria veiculada, portanto, não é de cunho judicial. Vem a propósito lembrarmos que os tribunais possuem atividade administrativa, na gestão da *res publica*, do seu quadro de pessoal e da respectiva disciplina interna, no gerenciamento de seus recursos orçamentários.

Agora, a Lei n. 9.784/1999 também trata do assunto (processo administrativo no âmbito dos Poderes da União), sem prejuízo da regulamentação básica conferida pelo dito Enunciado n. 321-TST. De fato, a Lei n. 9.784/1999 reconhece caber "recurso administrativo, em face de razões de legalidade e de mérito" (art. 56). Esta lei é aplicável a todos os *processos administrativos* da Justiça do Trabalho, por expressa disposição do seu art. 1º.

Cabível das decisões administrativas dos TRTs, o RMA tem sua petição protocolada perante o presidente do TRT recorrido, no prazo de 10 dias (art. 59, Lei n. 9.784/1999), para encaminhamento ao TST, órgão competente para apreciá-lo.

O recurso deverá ser formulado em petição *escrita* (art. 899, CLT), não se necessitando do patrocínio advocatício, porquanto não tem natureza de ato judicial nem decorre de atividade tipicamente judiciária.[14] É recurso gratuito (não há custas nem depósito recursal).

5. Reclamação Correicional – RC

Embora não se trate propriamente de espécie de recurso, a RC tem sido utilizada como equivalente recursal, no caso de *error in procedendo* do magistrado, seja o processo o de conhecimento, o de execução ou o cautelar. A medida não pode ser utilizada quando houver previsão de recurso para atacar o ato judicial que se quer rever. É, *a priori,* um procedimento administrativo, visando ao restabelecimento da boa ordem processual, combatendo as inversões e atropelos procedimentais. Provoca, inclusive, a avocação do processo (chamando o feito à ordem). Esta avocação é apenas para fins de regularização dos atos procedimentais, não podendo implicar nenhuma ingerência do órgão corregedor sobre o poder de julgar do magistrado nem sobre o seu convencimento ou compreensão fático-jurídica da matéria.

Na realidade, é um *recurso* camuflado de *procedimento administrativo*, muito próprio para atacar atos praticados em crises de "juizite"...

Pode ser utilizada a medida quando, exemplificativamente: o juiz recusa-se a ouvir separadamente as testemunhas, determinando a oitiva simultânea ou sem retirar aquela que ainda não depôs; ou omite-se a sentenciar, deixando propositadamente o processo parado por longo tempo "mofando" entre as teias de aranha de suas prateleiras; ou deixa de remeter os autos à instância imediatamente superior, tendo sido vencida a Fazenda Pública; ou, ainda, nega a intervenção do MPT, quando era obrigatória, e o órgão ministerial veio, *sponte*

---

14. Os requerimentos administrativos são, em regra, escritos, assim como, em geral, os atos administrativos assumem a forma escrita, ressalvadas as exceções de praxe.

sua, aos autos para acompanhar o feito etc. A "expressão-chave" para o cabimento da RC é *atropelo processual*.

A lei não fixa prazo para o requerimento correicional, ficando os Regimentos Internos dos Tribunais incumbidos de defini-lo. Tradicionalmente, este prazo é de 5 dias, contados da ciência do ato que se inquina de subversivo à ordem procedimental. Os Regimentos Internos dos TRTs disciplinam a *reclamação correicional*, cujo procedimento geral costuma ser o seguinte:

1. Tratando-se de ato de juiz de Vara do Trabalho, o pedido de correição (escrito) é apresentado ao juiz-corregedor ou ao presidente do TRT, quando este acumular o cargo de corregedor, por força regimental. A prova, na correicional, deve acompanhar a petição (prova pré-constituída).

2. Ordenado o processamento da correição pelo presidente do Tribunal, será expedido ofício ao juiz para, em 48 horas, prestar informações. Pode a autoridade presidencial deferir liminar ou adotar medida preventiva, colimando a segurança do processo e a eficácia da medida (p. ex., sustação de ato que implique alteração na situação patrimonial das partes, o que é comum na fase de execução).

3. O juiz reclamado circunstanciará, por ofício, os fatos. Isto funciona como um exercício do direito de defesa do magistrado e abre a dialecticidade do processo. Além do mais, a reclamação correicional pode ter implicância disciplinar, justificando-se, portanto, o pronunciamento da autoridade reclamada.

4. O presidente do Tribunal (ou o corregedor) julgará a correição, precisando-lhe os efeitos. Se concluir pela procedência, indicará os atos a ser desfeitos ou invalidados; chamará o feito à ordem ou indicará os atos a ser praticados, segundo a ordem procedimental adequada ao tipo de rito. O descumprimento pelo magistrado da ordem emanada da RC, no prazo designado, implicará infração administrativa, falta disciplinar. Não constando indicação de prazo, presume-se que sejam imediatos os efeitos da ordem.

5. Desta decisão será remetida cópia ao juiz.

No TST, a competência será do corregedor-geral contra os atos atentatórios da boa ordem processual praticados pelos TRTs e seus presidentes, inexistindo recurso específico (art. 709, II, CLT). Da decisão do corregedor cabe AgReg para o Pleno (art. 709, § 1º, CLT).

Há, ainda, uma outra espécie de correição, que será exercida pelo corregedor-geral da Justiça do Trabalho (TST), permanentemente, em relação aos TRTs e seus presidentes. E pelos corregedores regionais (dos TRTs) sobre a primeira instância respectiva, uma vez por ano. É uma espécie de acompanhamento e fiscalização da atividade desenvolvida pelos juízes e servidores (quantas ações foram ajuizadas, quantos processos ficaram pendentes, quantos foram julgados, quantos foram convertidos em diligência, qual o prazo médio de seu curso, se o juiz cumpre os prazos legais, se há sentenças acumuladas, se a Secretaria está funcionando regularmente, se os despachos do juiz são cumpridos a tempo etc.).

Os TRTs podem organizar suas Corregedorias e disciplinar o processo da RC no seu âmbito. Quando isso sucede, a competência para julgar a RC é do corregedor regional.

6. Protesto em audiência

Como o Processo do Trabalho não acata o agravo (de instrumento nem retido) para, como modalidade de recurso autônomo, combater decisão interlocutória, a jurisprudência criou o instituto do *protesto em audiência*, a fim de evitar a preclusão da matéria, sufragando antiga praxe processual, consagrada em Códigos anteriores. O protesto consiste, simplesmente, na manifestação da parte, em audiência, de que se encontra insatisfeita com determinada *decisão* do juiz (não é sentença nem qualquer ato), resguardando-se, assim, para combatê-la quando do recurso apropriado cabível da sentença. É a expressão de um inconformismo da parte, facultando ao juiz reconsiderar o ato, e deve ficar consignado em ata, não podendo o magistrado se recusar à consignação.

As hipóteses mais freqüentes de protesto são das decisões do juiz que: indefere a contradita da testemunha; indefere indagações da parte quando do interrogatório ou do depoimento testemunhal; nega o pedido de prorrogação de prazos (para pronunciamento sobre documentos dos autos ou para indicação de quesitos à perícia); indefere a apresentação de determinada modalidade de prova (p. ex.: de testemunha, quando a matéria é de cunho documental); rejeita nulidade relativa suscitada em audiência etc.

Rigorosamente, o protesto não é recurso. Porém, é forma de instrumentalizá-lo, prevenindo a preclusão, tornando a matéria rediscutível na oportunidade do apelo. Afigura-se-nos acertada a doutrina e a jurisprudência que exigem a renovação do protesto nas razões finais, reiterando o inconformismo. A inércia nessa oportunidade acarreta, também, a preclusão. E, ocorrendo a preclusão, a matéria não mais poderá ser atacada no recurso interposto da sentença.

Ressalte-se, no entanto, que as matérias de ordem pública não precluem (p. ex.: pressupostos processuais, elementos e condições da ação, litispendência, coisa julgada, incompetência absoluta etc.).

Capítulo XIV
EXECUÇÃO

1. Conceito, competência e espécies. 2. Liquidação (títulos executivos judiciais e extrajudiciais): 2.1 Por cálculos; 2.2 Por arbitramento; 2.3 Por artigos. 3. Execução forçada, execução definitiva e execução provisória. 4. Nuanças, penhora e procedimento básico: 4.1 Nuanças e procedimento básico; 4.2 Penhora. 5. Execução de título executivo extrajudicial. 6. Embargos à execução e impugnação à sentença de liquidação. 7. Embargos à arrematação, à adjudicação e de terceiro. 8. Fraude à execução. 9. Execução contra massa falida. 10. Execução contra a Fazenda Pública. 11. Recursos na execução. 12. Suspensão e extinção do processo de execução. 13. Considerações complementares, por força da EC n. 45/2004: o Fundo de Garantia das Execuções Trabalhistas.

1. Conceito, competência e espécies

Chama-se *ação de execução* a medida judicial disponibilizada ao vencedor da lide, ao credor e, excepcionalmente, ao devedor, para fazer valer a sentença condenatória, quando não cumprida voluntariamente, ou exigir o adimplemento da obrigação assumida no título executivo, seja este judicial ou extrajudicial. As decisões judiciais passíveis de execução são apenas as condenatórias.

O processo de execução corre nos mesmos autos da reclamação trabalhista na qual fora prolatada a sentença exeqüenda. Este aspecto formal, material, contudo, não retira, cientificamente, o caráter autônomo da execução, eis que ela se inicia com uma petição ou um ato próprio do juiz, possuindo rito especial e objeto bem delimitado, constituindo uma etapa distinta do processo de conhecimento. Na execução, nasce uma nova relação jurídica processual.

Compete à Justiça do Trabalho executar seus próprios julgados e decidir questões oriundas do cumprimento de suas decisões (era o que dispunha expressamente o art. 114, CF, cujo espírito ainda permanece, mesmo depois da EC n. 45/2004, por ser razoável e compatível com o princípio do juiz natural). Compete-lhe, ainda, executar, de ofício, as, "contribuições sociais previstas no art. 195, I, *a*, e II, e seus acréscimos legais, decorrentes das sentenças que proferir" (art. 114, VIII, CF). O juiz ou presidente do Tribunal que tiver conciliado ou julgado originariamente o dissídio é o competente para a execução (art. 877, CLT).

Atualmente, o art. 876, CLT, dispõe: "As decisões passadas em julgado ou das quais não tenha havido recurso com efeito suspensivo; os acordos, quando não cumpridos; os termos de ajuste de conduta firmados perante o Ministério Público do Trabalho e os termos de conciliação firmados perante as Comissões de Conciliação Prévia serão executados pela forma estabelecida neste Capítulo".

O processo do trabalho comporta execução por título extrajudicial nas seguintes hipóteses: *a)* termo de ajuste de conduta firmado perante o MPT; e *b)* termo de conciliação firmado perante CCP.[1] Os outros dois títulos são judiciais: *a)* decisões passadas em julgado ou das quais não tenha havido recurso com efeito suspensivo; e *b)* os acordos não cumpridos (quando homologados pelo Juiz do Trabalho). Podem, ainda, ser executadas na Justiça do Trabalho a sentença estrangeira trabalhista homologada pelo STF, as custas processuais e de execução (créditos da União). São executáveis pelo Juiz do Trabalho, também, as contribuições previdenciárias incidentes sobre as parcelas definidas na sentença trabalhista ou nos termos exeqüíveis neste órgão judiciário. Também não descartamos a executoriedade de sentença arbitral em matéria trabalhista, por constituir título executivo judicial (art. 584, VI, CPC).

O juiz competente para a execução de título executivo extrajudicial é o mesmo que teria competência para o processo de conhecimento relativo à matéria (art. 877-A, CLT).

A execução é dita *genérica* quando, através dela, busca-se a quantia equivalente à obrigação; *específica*, quando se procura obter a pró-

---

1. V. nosso *Execução de Título Executivo Extrajudicial no processo do trabalho.*

pria prestação, e não o seu equivalente. É *coletiva* quando o executado possuir várias execuções instauradas contra si e, ante a insuficiência dos bens para responder pela integralidade de todas, urge que se unifiquem em um só juízo as execuções, sendo competente o da primeira penhora; *singular*, nas demais hipóteses.

Pode ser objeto da execução obrigação de fazer ou de não fazer ou de dar (dinheiro ou coisa, certa ou incerta). E o devedor pode ser solvente ou insolvente, conforme seus bens sejam ou não bastantes para saldar as dívidas. Como a execução contra devedor insolvente envolve um *rateio* dos bens para com todos os credores, no processo trabalhista ele praticamente inexiste, pois o crédito laboral é privilegiadíssimo, tem natureza alimentar e não se submete a divisão, sendo pagos preferencialmente a todos os outros (p. ex., na falência, até o limite de 150 salários mínimos), inclusive ao crédito tributário (art. 186, CTN) – a não ser que todos eles sejam trabalhistas, por constituírem uma mesma categoria de credores privilegiados.

2. Liquidação (títulos executivos judiciais e extrajudiciais)

Além de certo e exigível, o título executivo há de ser líqüido, isto é, tem de possuir a delimitação expressa do valor da dívida, a fim de possibilitar sua cobrança judicial pelo credor e o exato pagamento pelo devedor. Tratando-se de sentença condenatória ilíquida, urge proceder-se, inicialmente, à sua liquidação, segundo procedimentos específicos a seguir expostos, que variam de acordo com os métodos necessários à apuração do débito judicial (art. 879, CLT; arts. 603 a 611, CPC).

2.1 Por cálculo

Dá-se quando a fixação da importância pecuniária a ser paga depender de mera operação aritmética das partes, do contador ou do setor de cálculos. É a regra no processo trabalhista, onde se calcula, em moeda corrente, o somatório dos títulos conferidos pela sentença condenatória, p. ex., aviso prévio, saldo de salários, 40% de FGTS, 13º, multa do art. 477, § 8º etc., em tudo incidindo os juros e a correção monetária, na forma da lei. Não há, aí, nenhum procedimento ou fase de cognição; mas, sim, mera apuração numérica e simples operação aritmética, por maiores que sejam as contas.

Segundo o art. 879, § 1º-B, CLT, "as partes deverão ser previamente intimadas para a apresentação do cálculo de liquidação, inclusive da contribuição previdenciária incidente". Com isso, a CLT tentou se aproximar do sistema do processo civil, passando a atribuir o ônus de apresentar os cálculos às partes. Logo, estas poderão iniciar a liquidação espontaneamente ou, se assim não o fizerem, incumbirá ao juiz intimá-las para apresentar os cálculos de liquidação. Tendo uma delas apresentado os cálculos, o magistrado os conferirá ou ouvirá o setor de cálculos; poderá, também, o juiz dar vista à parte contrária; e, em seguida, proferirá a sentença de liquidação.

Apesar da inovação trazida pela Lei n. 10.035/2000 ao art. 879, § 1º-B, da CLT, no entanto, continuamos a sustentar que, excepcionalmente, o juiz pode iniciar o procedimento liquidatório *ex officio*, ouvindo o setor competente da Justiça do Trabalho (setor de cálculos) e abrindo vistas às partes para se pronunciarem sobre os cálculos (o art. 878, CLT, faculta ao juiz iniciar *ex officio* a liquidação, assim como o art. 876, par. ún., CLT – acrescentado pela Lei n. 10.035/2000 –, cujo texto diz que "serão executados *ex officio* os créditos previdenciários devidos em decorrência de decisão proferida pelos Juízes e Tribunais do Trabalho, resultantes de condenação ou homologação de acordo"). Por fim, a citada lei também acrescentou o § 3º ao art. 879, CLT, *verbis:* "§ 3º. Elaborada a conta pela parte ou pelos órgãos auxiliares da Justiça do Trabalho, o juiz procederá à intimação por via postal do Instituto Nacional do Seguro Social – INSS, por intermédio do órgão competente, para manifestação, no prazo de dez dias, sob pena de preclusão". Em outras palavras: o parágrafo transcrito faz referência à elaboração de conta: *a)* pela parte; e *b)* pela Justiça do Trabalho (setor de cálculos, obviamente).

2.2 *Por arbitramento*

Dá-se a liquidação por arbitramento quando for determinada pela sentença, convencionada pelas partes ou assim o exigir a natureza do objeto. Será nomeado perito pelo juiz e fixado prazo para entrega do laudo, após o que as partes poderão se manifestar no prazo de 10 dias;

então será proferida a sentença de liquidação. Se necessário, o juiz designará audiência de instrução e julgamento (art. 607, par. ún., CPC) para, então, sentenciar.

Manoel Antonio Teixeira Filho exemplifica o uso desta modalidade de liquidação com o provimento condenatório que, reconhecendo a existência da alegada relação de emprego, condena o empregador a pagar os salários devidos ao autor durante a vigência do contrato, não havendo nos autos, porém, quaisquer elementos que permitam à sentença fixar, desde logo, o valor desses salários. "Convencendo-se o juiz de que esse objetivo seria igualmente frustrado, na hipótese de remeter a liquidação aos artigos, a solução é o arbitramento, devendo o perito observar, então, o quanto possível, a regra do art. 460 da CLT".[2]

2.3 Por artigos

"Far-se-á a liquidação por artigos, quando, para determinar o valor da condenação, houver necessidade de alegar e provar fato novo" (art. 608, CPC). Na verdade, o que se prova não é a *existência* do fato constitutivo do direito, mas, sim, a *quantidade* e a *qualidade* do objeto da condenação, ou, em outras palavras, as *repercussões* ou *dimensões* do direito reconhecido na sentença. Afinal, o direito em si já fora reconhecido no processo de conhecimento, culminando na sentença condenatória, a qual tornou-se imutável, não podendo ser alterada na liquidação nem na execução. Tem um teor de cognição, sendo a mais complexa das formas de liquidação.

Na liquidação por artigos, a parte interessada (liquidante) apresentará seus artigos de liquidação, com a prova necessária, pois o ônus de provar pertence a quem alega. Instaura-se o contraditório, mediante prazo para defesa, a qual, no processo do trabalho, será apresentada em audiência, após tentativa de conciliação sobre o valor da condenação. Na seqüência, parte-se para a instrução, colhendo-se provas, ouvindo-se testemunhas, juntando-se documentos etc.

---

2. *Execução no Processo do Trabalho*, pp. 333-334. CLT: "Art. 460. Na falta de estipulação do salário ou não havendo prova sobre a importância ajustada, o empregado terá direito a perceber salário igual ao daquele que, na mesma empresa, fizer serviço equivalente, ou do que for habitualmente pago para serviço semelhante".

Seguem-se as razões finais das partes, nova tentativa de conciliação e, enfim, a sentença de liquidação. O credor será intimado de seu conteúdo; e o devedor será, ao mesmo tempo, intimado desse teor e citado para pagar ou nomear bens à penhora em 48 horas, iniciando-se a execução propriamente dita.

Normalmente, a liquidação inicia-se mediante petição da parte interessada, indicando o modo de liquidar a sentença ou, como é comum na execução trabalhista – na qual, em geral, o processo liquidatório é feito por cálculos –, mediante apresentação dos valores dos títulos da condenação. Mas a liquidação também pode ser promovida *ex officio* pelo juiz-presidente, que determinará que o setor de cálculos ou o credor liquide o crédito. Em face do atual § 1º-B do art. 879, CLT, afigura-se-nos que a possibilidade de liquidação por impulso oficial do juiz circunscreve-se a duas hipóteses: *a)* no caso de o vencedor da demanda houver atuado pessoalmente na reclamatória (*jus postulandi* da parte); e *b)* se as partes, apesar de intimadas, não apresentarem os cálculos de liquidação no prazo assinalado pelo magistrado.

"A liquidação abrangerá, também, o cálculo das contribuições previdenciárias devidas" (art. 879, § 1º-A, CLT).

"Na liquidação, não se poderá modificar, ou inovar, a sentença liquidanda, nem discutir matéria pertinente à causa principal" (art. 879, § 1º, CLT). Mas o erro material poderá ser corrigido a qualquer tempo, inclusive *ex officio,* pelo juiz (arts. 833 e 897-A, CLT; art. 463, I, CPC).

A sentença de liquidação é predominantemente declaratória, porque, sem constituir nova relação jurídica nem condenar o devedor a pagar outros direitos ao credor, limita-se ao comando da sentença condenatória proferida no processo de conhecimento, esclarecendo o *quantum debeatur*, a mera fixação do valor a ser pago pelo devedor.

É irrecorrível a sentença de liquidação, que só pode ser impugnada nos embargos à execução (art. 884, § 3º, CLT).

Contendo a sentença parte líquida e parte ilíquida, o credor pode requerer, ao mesmo tempo, a liquidação desta e a execução daquela. É facultado ao devedor "o pagamento imediato da parte que entender devida à Previdência Social, sem prejuízo da cobrança de eventuais diferenças encontradas na execução *ex officio*" (art. 878-A, CLT).

Segundo o disposto no § 2º do art. 879 da CLT, "Elaborada a conta e tornada líqüida, o juiz poderá abrir às partes prazo sucessivo de 10 (dez) dias para impugnação fundamentada com a indicação dos itens e valores objeto da discordância, sob pena de preclusão". Elaborada a conta pela parte ou pelos órgãos auxiliares da Justiça do Trabalho, o juiz procederá à intimação por via postal do Instituto Nacional do Seguro Social – INSS, por intermédio do órgão competente, para manifestação, no prazo de dez dias, sob pena de preclusão (art. 879, § 3º). A atualização do crédito devido à Previdência Social observará os critérios estabelecidos na legislação previdenciária (art. 879, § 4º).

Observe-se, primeiramente, que o juiz *poderá* abrir às *partes* prazo para a impugnação. Isto indica que se trata de faculdade do magistrado, que poderá optar por não abrir a oportunidade. Em segundo lugar, o prazo é preclusivo: o silêncio da parte implica concordância, desde que, no despacho, houver a previsão desta cominação explicitamente. Em terceiro lugar, a impugnação aos cálculos há de ser específica, fundamentada, indicando itens e respectivos valores incorretos e apontando quais os devidos topicamente. Não vale impugnação genérica ou evasiva, nem aquela que se limita a dizer que se resguarda para outro momento o direito de se pronunciar.

De seu turno, o § 3º do art. 879, CLT, é peremptório: elaborada a conta, o juiz *procederá* à intimação do INSS para, em 10 dias, pronunciar-se sobre os cálculos. Aqui, não se tem faculdade do juiz; mas, sim, obrigatoriedade. O que dissemos no parágrafo anterior sobre preclusividade e necessidade de cominação se aplica ao INSS, inclusive quanto à *impugnação fundamentada*. Outrossim, a impugnação a ser formulada pelo Instituto só pode dizer respeito às contribuições previdenciárias.

Tais considerações referem-se à liquidação de sentença condenatória. A liquidação dos acordos judiciais não cumpridos é de fácil apreensão, considerando que ditos instrumentos constam de parcelas pecuniárias, a exigir mera operação aritmética, ou de obrigação de fazer ou não fazer. Se, de toda forma, houver necessidade de se instaurar procedimento liquidatório, este será judicial, na forma acima.

Os métodos de liquidação judicial expostos anteriormente (por cálculos, por arbitramento e por artigos) são específicos para os títulos judiciais. Não dizem respeito aos extrajudiciais.

Os termos de conciliação firmados nas CCPs, à similitude dos acordos celebrados na Justiça do Trabalho, em regra terão valores ou parcelas quantificadas. Deste modo, sua liquidação na Justiça do Trabalho será desnecessária, podendo o interessado partir direto para a execução do reportado título. Mas, se porventura houver necessidade de quantificação de valores, o próprio exeqüente providenciará a liquidação extrajudicialmente, anexando o memorial descritivo à petição de execução.

A liquidação do TAC firmado perante o MPT, envolvendo obrigação de pagar, também será precedida de uma fase administrativa de liquidação, no âmbito do *Parquet*. Logicamente, a matéria é de política interna do MPT, o qual providenciará a liquidação, devendo a petição de execução ser acompanhada do memorial liquidatório.

Na execução por quantia certa, a apresentação do memorial descritivo dos cálculos, com o demonstrativo do débito atualizado até a data da propositura da ação, é exigência do art. 614, II, CPC. O preceito tem fundamento porque o devedor precisará conhecer os dados para exercer a sua defesa, através dos embargos à execução.

3. Execução forçada, execução definitiva e execução provisória

Liquidado o título, a etapa seguinte é a da execução propriamente dita, ou seja, a da *execução forçada*. Na ação de execução, não se rediscute a matéria apreciada no processo de conhecimento nem no acordo, se for o caso. O contraditório não tem a mesma dimensão da etapa cognitiva, sendo muito mais restrito, conquanto a defesa possa ser exercitada amplamente através de demanda incidental denominada *embargos à execução*.

Didaticamente, tem-se dividido a execução (*lato sensu*) em três fases, a saber:

a) *Acertamento*: refere-se à quantificação do débito do devedor. É a etapa de liquidação (v. tópico anterior). Põe-lhe fim a sentença de liquidação.

b) *Constrição*: esta fase inicia-se com a citação do devedor para pagar a dívida em 48 horas ou indicar bens à penhora. Ultrapassado este prazo, se o devedor não houver pago nem indicado bens à penhora, o oficial de justiça providenciará o arresto de bens do executado passíveis de penhora, de tudo elaborando certidão. Após a efetivação da penhora, o devedor poderá discutir a legalidade da medida e impugnar o que entender de direito, através dos embargos à execução. Sobre os embargos, a parte contrária será intimada para se pronunciar, haverá a instrução (se necessário) e o juiz sentenciará, podendo o interessado recorrer para o TRT, através de agravo de petição.

c) *Alienação* ou *expropriação*: esta fase alcança a avaliação dos bens penhorados, passa por sua alienação e entrega da quantia ao exeqüente, observando-se o valor do débito do devedor. No CPC, utilizado supletivamente, a matéria é enfocada pelo art. 647, segundo o qual a expropriação consiste: *a)* na alienação de bens do devedor (arrematação); *b)* na adjudicação em favor do credor; e *c)* no usufruto de imóvel ou empresa.

A CLT é sucinta quanto à execução, limitando-se a disciplinar pontos básicos e deixando o restante da matéria para outras fontes subsidiárias. A Lei n. 5.584/1970, tratando do processo do trabalho, também faz poucas previsões sobre a execução trabalhista. Destarte, na omissão do processo do trabalho (na execução): *a)* é aplicável, primeiramente, a Lei de Execuções Fiscais – LEF (Lei n. 6.830/1980), por determinação do art. 889, CLT; *b)* persistindo a lacuna, recorre-se ao CPC, *ex vi* do art. 1º, LEF; *c)* quanto à hipótese específica da ordem de nomeação de bens à penhora, o CPC tem precedência sobre a LEF (art. 882, CLT).

Chama-se *execução definitiva* aquela cuja finalidade é dar cumprimento à sentença que tenha transitado em julgado, aí incluído o acordo judicial homologado e descumprido e a decisão fundada em título executivo extrajudicial (art. 587, CPC). É *provisória* a execução quando a sentença exeqüenda estiver sendo discutida através de recurso desprovido de efeito suspensivo. Enquanto a *execução definitiva* finda com a efetiva entrega do objeto da execução ao credor, a *provisória* não alcança todos os atos, limitando-se às etapas de *acertamento* e *constrição*, o que se justifica pela plausibilidade de o título executivo vir a ser modificado no recurso, extinguindo-se a obrigação.

No processo do trabalho, a execução *definitiva* processa-se nos próprios autos da reclamação trabalhista, e não em autos apensos. Contudo, a execução *provisória* é processada por carta de sentença (art. 589, CPC).

Por aplicação subsidiária do art. 590, CPC, são requisitos da carta de sentença: "I – autuação; II – petição inicial e procuração das partes; III – contestação; IV – sentença exeqüenda; V – despacho do recebimento do recurso. Parágrafo único. Se houver habilitação, a carta conterá a sentença que a julgou".

O requisito da caução, contido no art. 588, I, CPC, para o processamento da execução provisória, não se aplica ao processo do trabalho, considerando a hipossuficiência do trabalhador.

Preceitua o art. 899, CLT, que os recursos terão efeito meramente devolutivo, "permitida a execução provisória até a penhora". Já o art. 588, II, CPC (redação dada pela Lei n. 10.444/2002), reza que "o levantamento de depósito em dinheiro, e a prática de atos que importem alienação de domínio ou dos quais possa resultar grave dano ao executado, dependem de caução idônea, requerida e prestada nos próprios autos da execução". Em seguida, o § 2º do mesmo artigo do CPC complementa: "A caução pode ser dispensada nos casos de crédito de natureza alimentar, até o limite de 60 (sessenta) vezes o salário mínimo, quando o exeqüente se encontrar em estado de necessidade". De extrema sensibilidade e utilidade social, entendemos perfeitamente aplicáveis estes dispositivos do CPC ao processo do trabalho, eis que se encaixam perfeitamente ao seu espírito e aos seus fundamentos.

A discussão a respeito destes artigos do CPC, se são ou não aplicáveis ao processo do trabalho, ante o disposto no art. 899, CLT, que só permite a execução (provisória) até a penhora, rui por terra em se tratando de execução por título executivo extrajudicial, em face de seu caráter definitivo. Ora, sendo definitiva a execução (art. 587, CPC), com imensa razão é de se aplicar o art. 588, II, e seu § 2º.[3] As verbas trabalhistas possuem, em sua quase totalidade, natureza alimentar, salarial. Até mesmo determinadas indenizações, frutos da rescisão do contrato de trabalho, funcionam para o trabalhador como verba alimentar, porque é delas que ele tirará o seu sustento pelos dias que se seguirão, ante o desemprego e as dificuldades típicas da ruptura contratual. Estando o trabalhador desempregado, a interpretação social impõe o levantamento de valores, independentemente de caução. Por sinal, há tempos o processo do trabalho rejeita a exigência

---

3. Até mesmo a analogia com o art. 836, I, CPC, autoriza este raciocínio.

de caução a ser prestada pelo obreiro, porquanto isso inviabilizaria o seu acesso à justiça e o colocaria à margem de tutelas de evidência, liminares satisfativas, antecipações de tutela etc.

Enfim, havendo depósito ou garantia em dinheiro, é possível o seu levantamento, mediante autorização do Juiz do Trabalho, sendo dispensável caução quando o importe for de até 60 vezes o salário mínimo.

4. Nuanças, penhora e procedimento básico

4.1 Nuanças e procedimento básico

A execução trabalhista corre na Vara do Trabalho, a ela aplicando-se a CLT, a legislação processual complementar do trabalho, a LEF (Lei n. 6.830/1980) e o CPC, sucessivamente, na ordem de lacuna e compatibilidade com a norma anterior (art. 889, CLT). Quanto à ordem preferencial de indicação de bens passíveis de penhora, o art. 882, CLT, indica por fonte subsidiária primeira o CPC, em vez da Lei n. 6.830/1980.

No processo trabalhista, a execução trabalhista pode ser promovida *ex officio* pelo próprio juiz ou presidente do Tribunal competente; por qualquer interessado ou pelo MPT, se a decisão for do TRT (art. 878, CLT) ou a ação tiver sido promovida pelo próprio órgão ministerial.

Ao contrário do processo de conhecimento, neste tipo de ação o juiz participa da citação, determinando seja citado o devedor para cumprir o decisório ou o acordo nos termos do art. 880, CLT. A providência é feita pelo Oficial de Justiça, que cita, faz a penhora e avalia os bens.

Em Direito Processual do Trabalho, a mais comum das execuções é a consistente em obrigação de pagar, a execução por quantia certa. Assim, inicia-se a ação com a citação do devedor para que, em 48 horas, pague a importância devida, sob pena de penhora de bens bastantes para o pagamento da dívida, custas e juros moratórios (contados do ajuizamento da reclamação). A execução pode ser garantida pela nomeação de bens, no mesmo prazo, sobre os quais recairá a penhora.

Em seguida à penhora e à avaliação, subsistente seja aquela, dá-se a arrematação, vendendo-se os bens pelo maior lance, garantindo-se ao exeqüente preferência pela adjudicação. A *arrematação* é ato de transferência do bem em *hasta pública* ao maior lançador; na *adjudicação* o adquirente dos bens penhorados é o próprio exeqüente. A adjudicação será realizada pelo valor do maior lance, se tiver havido, ou pelo preço da avaliação (atualizada). É aplicável à adjudicação o disposto no art. 24, da LEF, referente ao momento de sua ocorrência.[4]

Cuida o art. 13 da Lei n. 5.584/1970 da *remição da execução* pelo executado, em qualquer hipótese, caso pague toda a dívida (principal, juros, correção, custas, honorários etc.). Seus requisitos são a solvência do devedor e o pagamento de toda a dívida. Daí afirmar-se que ela se constitui em *resgate*. Não há confundi-la com remissão da dívida (= perdão, arts. 385 e ss., CC). Impõe-se, ainda, transcrever Francisco Antônio de Oliveira, *verbis*: "É mister distinguir a *remição à execução* (art. 651 do CPC) da *remição de bens* (art. 787 do CPC). A primeira legitima o executado ao pagamento da dívida, mais juros e correção monetária, custas, honorários etc. A segunda constitui *pietatis causa* que legitima o cônjuge, descendente ou ascendente a remir os bens, quando *insolvente o devedor*".[5]

A oportunidade para o exercício da *remição de bens* situa-se entre a arrematação ou o petitório de adjudicação e a assinatura do auto competente. Se houver mais de um pedido, entre este e a publicação da sentença respectiva (art. 788, CPC). Já a *remição pelo próprio devedor* (remição à execução) pode ocorrer enquanto não assinado o auto de adjudicação ou de arrematação, porquanto só com ele o ato de alienação torna-se perfeito.

A praça é única. Sem licitante nem pedido de adjudicação pelo credor, os bens penhorados são passíveis de venda por leiloeiro nomeado pelo juiz ou presidente.

---

4. O credor poderá adjudicar os bens penhorados: "I – antes do leilão, pelo preço da avaliação, se a execução não for embargada ou se rejeitados os embargos; II – findo o leilão: *a)* se não houver licitante, pelo preço da avaliação; *b)* havendo licitantes, com preferência, em igualdade de condições com a melhor oferta, no prazo de 30 (trinta) dias" (art. 24, Lei n. 6.830/1980).

5. *A Execução na Justiça do Trabalho*, pp. 227-228.

Não é aceitável a expropriação do bem por preço ou lanço vil (art. 692, CPC), apesar de a praça ser única no processo do trabalho. Não há definição legal de lanço vil, o qual, portanto, há de ser aquilatado conforme as peculiaridades de cada caso (risco de depreciação; grau de comercialização; despesas de conservação etc.). A jurisprudência tem fixado percentual mínimo variável entre 20% a 25% do valor da avaliação para que a oferta não seja vil.

Se o bem não lograr nenhuma oferta ou sendo vis as propostas oferecidas, será substituído por outro (nova penhora).

Encontra-se prevista na CLT, ainda, a execução por prestações sucessivas (arts. 890 a 892). Seu processamento é feito observando-se as regras acima expendidas, com as seguintes peculiaridades: *a)* "nas prestações sucessivas por tempo determinado, a execução pelo não-pagamento de uma prestação compreenderá as que lhe sucederem" (art. 891, CLT); e *b)* "tratando-se de prestações sucessivas por tempo indeterminado, a execução compreenderá inicialmente as prestações devidas até a data do ingresso na execução" (art. 892, CLT).

A Lei n. 10.444/2002 modificou profundamente o processo de execução do CPC, pertinente à execução de obrigação de dar e de fazer ou não fazer. Quando o título executivo for judicial, não haverá mais processo autônomo de execução, eis que todos os atos serão praticados seqüencialmente ao processo de conhecimento, por força dos arts. 461 e 461-A, CPC (v. art. 644, CPC). Fica, no entanto, o procedimento previsto pelo CPC, arts. 621 a 643, para a execução fundada em título extrajudicial e como fonte supletiva dos arts. 461 e 461-A, CPC (v. art. 621). Em não sendo ação executiva autônoma, descabem embargos à execução nestas demandas.

Estas inovações são inteiramente compatíveis com o processo do trabalho, de modo que a ele se aplicam também. Cuidemos nessa oportunidade da execução de título judicial, envolvendo as obrigações de fazer, não fazer e de dar. Um ponto nos incumbe chamar a atenção do leitor: todas estas execuções são específicas, ficando sua conversão em perdas e danos em último plano, a pedido do credor. E quando isso ocorrer, dar-se-á sem prejuízo da multa porventura fixada pelo juiz ao devedor.

Comum nas obrigações de dar, fazer ou não fazer é que, mesmo imposta multa diária ao réu, o juiz poderá, para a efetivação da tutela ou obtenção do resultado prático equivalente, determinar medidas coercitivas como busca e apreensão, remoção de pessoas e coisas, desfazimento de obras e impedimento de atividade nociva, se necessário com requisição de força policial (art. 461, § 5º, CPC). Pode o juiz, ainda, de ofício, modificar o valor ou a periodicidade da multa, caso verifique que se tornou insuficiente ou excessiva.

Obrigação de entregar coisa. Transitada em julgado a sentença ou havendo recurso com efeito meramente devolutivo, o juiz intimará o devedor para cumprir a obrigação no prazo fixado na sentença. Não sendo entregue a coisa no prazo, incidirá a multa, expedindo o juiz mandado de busca e apreensão. Se o devedor entregar a coisa, lavrar-se-á termo, encerrando-se o processo, salvo se houver incidido multa, quando a execução prosseguirá a fim de cobrá-la.

Em se tratando de coisa incerta, ela será logo indicada na petição inicial (art. 461-A, CPC), se a escolha couber ao autor. Em contrário, o devedor a entregará individualizada, no prazo fixado pelo juiz.

Obrigação de fazer ou não fazer. Dispõe o art. 461, CPC, que "na ação que tenha por objeto o cumprimento de obrigação de fazer ou não fazer, o juiz concederá a tutela específica da obrigação ou, se procedente o pedido, determinará providências que assegurem o resultado prático equivalente ao do adimplemento". Na tutela antecipada ou na sentença, o juiz poderá determinar, inclusive *ex officio,* multa diária ao réu, desde que suficiente ou compatível com a obrigação, fixando-lhe prazo razoável para o cumprimento do preceito.

Se o executado não cumprir a prestação (uma atividade) no prazo assinalado pelo juiz (art. 461, § 1º, CPC), é possível a conversão da obrigação em perdas e danos se o autor o requerer ou se impossível a tutela específica ou a obtenção do resultado prático correspondente. O exemplo mais conhecido é a reintegração do estável no emprego. Suspenso para apuração de falta grave, não provada no inquérito tal falta, o empregado faz jus às remunerações do período de sua ausência ao trabalho e à reintegração, se aconselhável. Mesmo condenado a reintegrar o obreiro, a empresa poderá não fazê-lo, o que dá margem à execução da sentença, coercitivamente. Percebendo ser desaconselhável a reintegração, o juiz pode convertê-la em indenização em dobro (art. 496, CLT), sem prejuízo dos salários devidos pelo tempo da interrupção do contrato até a resolução. "O contrato de trabalho ficará rescindido na data declarada pelo juiz no despacho, que coincide com a do próprio despacho de conversão da reintegração em indenização substitutiva", como melhor esclarece Amauri Mascaro.[6]

Pode, também, o exeqüente requerer o cumprimento da prestação à custa do devedor, mesmo que realizado por terceiro.

O mesmo art. 461, CPC, rege a execução da obrigação de não fazer. Destarte, o juiz condena o réu, na sentença, a se abster de praticar o ato vedado, sob as cominações que impuser. Poderá o juiz, ainda, utilizar-se de todas as medidas acima expostas para assegurar o retorno das coisas ao estado anterior ao descumprimento. Não sendo isto possível e preferindo o credor, a obrigação converter-se-á em perdas e danos.

O art. 880, CLT, reza que "o juiz ou presidente do Tribunal, requerida a execução, mandará expedir mandado de citação ao executado, a fim de que cumpra a decisão ou o acordo no prazo, pelo modo e sob as cominações estabelecidas (...)". Há, portanto, sem dúvida alguma, amparo legal para a previsão de *astreintes*, forma de impelir o devedor a cumprir a determinação judicial, mediante cominação de importância pecuniária específica.

Quanto à obrigação de assinar a CTPS, se o devedor não o fizer no prazo fixado pelo juiz, este determinará à Secretaria da Vara que o faça, oficiando à autoridade do Ministério do Trabalho para o fim de aplicar a multa cabível à espécie (art. 39, § 1º, CLT).

4.2 Penhora

Considerando a complexidade e a importância do tema, reservamos tópico específico para estudarmos a penhora.

Prevê a CLT, em seu art. 883, que, "não pagando o executado nem garantindo a execução, seguir-se-á penhora dos bens, tantos quantos bastem ao pagamento da importância da condenação, acrescida de custas e juros de mora, sendo estes, em qualquer caso, devidos a partir da data em que for ajuizada a reclamação inicial".

---

6. Amauri Mascaro Nascimento, *Curso de Direito Processual do Trabalho*, p. 286.

Constitui-se a penhora num ato material que o Estado realiza *(jus imperii)*, no fito de ensejar a expropriação e a conseqüente satisfação do direito do credor.[7] Este constrangimento feito pelo Estado não retira a propriedade do devedor sobre o bem penhorado; simplesmente impõe limitações à sua disponibilidade e ao seu uso.

Onde quer que se encontrem os bens, será feita a penhora pelo meirinho (art. 659, § 1º, CPC). Encontrando-se eles na área territorial de outra Vara, a constrição dar-se-á mediante carta precatória, penhorando-se, avaliando-se e alienando-se os bens no foro da situação (art. 658, c/c o art. 747, CPC).

Se o devedor fechar as portas da casa, a fim de obstar a penhora dos bens, o oficial de justiça comunicará o fato ao juiz, solicitando-lhe ordem de arrombamento. A ordem, se deferida, será cumprida por dois oficiais de justiça, acompanhados de força policial, se necessário (arts. 660 a 661, CPC).

Ao fazer a nomeação de bens à penhora, o devedor deverá observar a seguinte ordem: "I – dinheiro; II – pedras e metais preciosos; III – títulos da dívida pública da União ou dos Estados; IV – títulos de crédito, que tenham cotação em bolsa; V – móveis; VI – veículos; VII – semoventes; VIII – imóveis; IX – navios e aeronaves; X – direitos e ações" (art. 655, CPC). Esta ordem é para nomeação pelo devedor. Quando o oficial de justiça fizer a diligência, não está obrigado a segui-la; basta fazê-lo do modo menos gravoso ao devedor (art. 620, CPC).

Após a nomeação de bens à penhora, deverá o exeqüente ser intimado para se pronunciar a respeito. Aceita a nomeação, cumpre ao devedor, dentro de prazo razoável assinado pelo juiz, exibir a prova de propriedade dos bens e, quando for o caso, a certidão negativa de ônus. Cumprida esta exigência, "a nomeação será reduzida a termo, havendo-se por penhorados os bens; em caso contrário, devolver-se-á ao credor o direito à nomeação" (art. 657, CPC).

---

7. É deveras complexo o procedimento de efetivação da penhora e envolve a indicação do bem pelo devedor ou a apresentação da certidão do bem arrestado pelo meirinho ao juízo, a intimação da parte contrária, a manifestação desta, dizendo que concorda com o bem, e o pronunciamento judicial a respeito. Caso o exeqüente não concorde, indicará novos bens à penhora e a sucessão dos atos se reiniciará: diligência do oficial de justiça, arresto etc. E só findará com o ato judicial decretando a penhora. Portanto, a medida constrangedora não se esgota no ato do oficial de justiça.

Transcorrido o prazo para pagamento da dívida ou nomeação de bens à penhora (48 horas), não tendo o devedor providenciado nenhuma dessas medidas, o oficial de justiça dirigir-se-á ao domicílio do devedor e arrestar-lhe-á tantos bens quantos bastem para garantir a execução. De tudo lavrará certidão, discriminando os bens, o seu estado de conservação, o local onde se encontrem, a estimativa de seu valor e nomeará o fiel depositário provisório (em regra, o próprio devedor).

Mas nem todos os bens podem ser alvos de penhora e, tampouco, de arresto pelo meirinho. O CPC os classifica em *absolutamente impenhoráveis,* aqueles que não podem ser alvo de penhora (art. 649) e em *relativamente impenhoráveis,* aqueles que só podem ser penhorados à falta de outros bens (art. 650). Estes últimos são: "I – os frutos e os rendimentos dos bens inalienáveis, salvo se destinados a alimentos de incapazes, bem como de mulher viúva, solteira, desquitada, ou de pessoas idosas; II – as imagens e os objetos do culto religioso, sendo de grande valor".

A Lei n. 8.009/1990 cuida da impenhorabilidade do bem de família. Estabelece que "o imóvel residencial próprio do casal, ou da entidade familiar, é impenhorável e não responderá por qualquer tipo de dívida civil, comercial, fiscal, previdenciária ou de outra natureza, contraída pelos cônjuges ou pelos pais ou filhos que sejam seus proprietários e nele residam, salvo nas hipóteses prevista nesta Lei" (art. 1º). A impenhorabilidade compreende "o imóvel sobre o qual se assentam a construção, as plantações, as benfeitorias de qualquer natureza e todos os equipamentos, inclusive os de uso profissional, ou móveis que guarnecem a casa, desde que quitados". A própria lei excepciona, contudo, os veículos de transporte, obras de arte e adornos suntuosos. É importante ressaltar que o benefício dessa impenhorabilidade dos bens não é oponível "em razão dos créditos dos trabalhadores da própria residência e das respectivas contribuições previdenciárias" (art. 3º, I). Incluem-se, aí, os créditos dos empregados domésticos.

Quando os sócios da empresa recorrem à ficção da pessoa jurídica para enganar ou ludibriar credores, para fugir à incidência da lei ou para proteger alguém desonesto, deve o juiz olvidar a personalidade jurídica para considerar os seus componentes como pessoas físicas e impedir que através do subterfúgio prevaleça o ato fraudulento (*RT* 238/393). Então, o patrimônio dos sócios deve responder pela dívida da pessoa jurídica. É a *disregard doctrine* ou teoria da desconsideração da personalidade jurídica.

Estando regulares os bens e satisfeitas as condições da penhora, o juiz a decretará, nomeando o fiel depositário[8] e mandando lavrar o auto respectivo (art. 665, CPC – requisitos do auto). Em seguida, dará ciência às partes da sua decisão, começando a contar o prazo para oposição de *embargos à execução* a partir da notificação. O fiel depositário só será o devedor se o credor concordar (art. 666, CPC).

5. Execução de título executivo extrajudicial

Segundo o art. 876, CLT, o processo trabalhista admite a execução dos seguintes títulos extrajudiciais: *a)* Termo de Ajuste de Conduta firmado perante o MPT; e *b)* termo de conciliação firmado perante Comissão de Conciliação Prévia.

O Termo de Ajuste de Conduta firmado perante o MPT (art. 5º, § 6º, Lei n. 7.347/1985) é instrumento de resolução administrativa (portanto, extrajudicial) de conflito trabalhista. Nele, o indiciado, figurante no Inquérito Civil Público ou no procedimento investigatório, compromete-se a sanar a irregularidade trabalhista apurada no âmbito ministerial, segundo as condições, termos e prazos convencionados. Caso descumprido o termo, em qualquer cláusula, a ação cabível será a *executiva*, perante a Justiça do Trabalho (competência material).

Determina o art. 877-A, CLT, ser competente para a execução de título executivo extrajudicial "o juiz que teria competência para o processo de conhecimento relativo à matéria". Destarte, a competência será do Tribunal quando a ação de conhecimento, que deixou de ser ajuizada, for de sua competência originária, nos casos indicados por lei (ação rescisória, mandado de segurança, ação anulatória de acordo ou convenção coletiva etc.);[9] no mais, é competente a Vara do Trabalho.

---

8. Súmula 619-STF: "A prisão do depositário infiel pode ser decretada no próprio processo em que se constituiu o encargo, independentemente da propositura de ação de depósito".

9. As sentenças normativas proferidas nos dissídios coletivos, no entanto, são executáveis pela ação de cumprimento perante as Varas do Trabalho (art. 872, CLT). A competência executiva dos Tribunais é excepcional, só ocorrendo quando a lei o determinar.

Quanto à competência territorial, é de se observar o disposto no art. 576, CPC, *litteris*: "A execução, fundada em título extrajudicial, será processada perante o juízo competente, na conformidade do disposto no Livro I, Título IV, Capítulos II e III". O dispositivo reporta-se aos arts. 88 a 124, do mesmo CPC. Pelo art. 100, IV, *c*, CPC, é competente o foro do lugar "onde a obrigação deve ser satisfeita, para a ação em que se lhe exigir o cumprimento". Destarte, a competência territorial será, em geral, da Vara Trabalhista da localidade onde as obrigações trabalhistas assumidas pela empresa ocorrem. Vale dizer: a regra é a do local da prestação de serviços.

Possuem legitimidade para executar o título qualquer interessado no cumprimento da obrigação. É preciso, destarte, distinguirmos o termo de conciliação firmado perante as CCPs do termo de compromisso (Termo de Ajuste de Conduta) firmado perante o MPT. No primeiro caso, por se tratar de interesse individual de um trabalhador específico (ou de poucos), o legitimado será o próprio credor ou o sindicato da categoria, nas hipóteses de representação ou substituição processual. Tratando-se de Termo de Ajuste de Conduta, a legitimação é concorrente, podendo promover a execução o MPT, o sindicato da categoria dos trabalhadores respectivos e o próprio trabalhador, este quanto às parcelas que lhe digam respeito. Em ambas as hipóteses, defendemos a legitimidade do INSS em executar as parcelas referentes às contribuições previdenciárias.

A execução de título extrajudicial não dispensa a *liquidez* do instrumento. Urge, pois, que o interessado liquide previamente o título (extrajudicialmente).

Diferentemente dos títulos de crédito, o Termo de Ajuste de Conduta (firmado perante o MPT) ou o termo de conciliação (firmado perante a CCP) não precisa instruir a petição inicial no seu original. A cópia autenticada supre o original.

A execução de título executivo extrajudicial é *definitiva* e não *provisória* (art. 587, CPC). Por conseguinte, envolverá as fases de constrangimento e expropriação e correrá em autos próprios. Mas os embargos à execução, porventura propostos, terão efeito suspensivo (art. 739, § 1º, CPC).

A ação de execução de título extrajudicial deve ser promovida mediante petição, contendo os requisitos das exordiais em geral (art. 840, § 1º, CLT). Porém, não vemos empecilho em que seja feita verbalmente, pelo credor interessado (arts. 791 e 840, CLT), o qual apresentará no setor competente da Justiça do Trabalho o título executivo liquidado. Trata-se da aplicação do princípio da simplicidade.

O valor da causa deve corresponder ao total do crédito, aí incluídas, se cabíveis, as multas eventualmente fixadas no termo.

"Endereçada a petição inicial, autuada e recebida na Secretaria, o juízo expedirá mandado de citação e penhora, no qual consigna-se que, ao não pagamento do débito explicitado, deve-se seguir a nomeação de bens à penhora, sob pena de serem penhorados tantos bens quantos bastem para garantir a execução" (Hanna Garcia).[10]

Se o juiz verificar que a petição inicial se encontra incompleta ou que ela não se acha acompanhada dos documentos indispensáveis à propositura da execução, determinará que o credor a corrija, no prazo de 10 dias, sob pena de ser indeferida (art. 616, CPC).

Deferindo a petição, o despacho importará em ordem para: *a)* citação; *b)* penhora, se não for paga a dívida nem garantida a execução; *c)* arresto, se o executado não tiver domicílio ou dele se ocultar; *d)* registro da penhora ou do arresto; e *e)* avaliação dos bens penhorados ou arrestados (art. 7º, Lei n. 6.830/1980).

O executado será citado para, no prazo de 48 horas (art. 880, CLT), pagar a dívida, acrescida dos juros e correção monetária, ou garantir a execução (art. 8º, LEF). Vencido o prazo e não paga a dívida nem garantida a execução, o oficial de justiça arrestará tantos bens quantos bastem para saldar o débito.

O procedimento da penhora e dos atos subseqüentes (atos de constrição e de expropriação) segue o rito básico já demonstrado em tópico anterior, quando tratamos desses temas.

Garantido o juízo pela penhora, o devedor poderá propor embargos à execução, a respeito do qual deixamos para estudar em tópico seguinte.

6. Embargos à execução e impugnação à sentença de liquidação

Os embargos à execução constituem o meio de defesa à ação executiva formulado pelo executado contra o exeqüente e apresenta a

---

10. *Títulos de Crédito e Processo de Execução*, p. 128.

natureza jurídica de *ação incidental* à ação executória. Vêm sendo recebidos com efeito suspensivo, embora esta não seja a regra (art. 739, § 1º, c/c o art. 791, I, CPC).

Dependendo da modalidade de execução, se por título executivo judicial ou por título executivo extrajudicial, a matéria a ser alegada nos embargos pode ser ampla ou restrita.

Possui legitimidade para a proposição dos embargos o devedor ou executado, figurante no pólo passivo da ação executiva.

Dois requisitos fundamentais direcionam a defesa por embargos à execução: 1) o *prazo* de 5 (cinco) dias da notificação, ou do depósito, dos bens penhorados; e 2) a *garantia* da execução (art. 884, CLT). Mudamos, nesta obra, nossa opinião anterior para entender que este prazo é de 30 dias, quando embargante for a Fazenda Pública, de qualquer esfera (art. 1º, Lei n. 9.494/1997, c/ redação da MP 2.180-35/2001).

A impugnação aos embargos também se dá no prazo de 5 dias, a contar da notificação do exeqüente. Como a impugnação é mera faculdade, sua ausência não gera revelia nem confissão ficta.

Diversamente do CPC, a CLT resume as hipóteses de admissão do *remedium juris:* cumprimento da decisão ou do acordo e quitação ou prescrição da dívida (art. 884, § 1º, CLT). Na prática, vem-se alargando essas hipóteses, aplicando-se subsidiariamente o art. 741, CPC, em especial quanto às matérias de ordem processual (falta ou nulidade de citação no processo de conhecimento, se a ação correu à revelia; incompetência do juízo; inexigibilidade do título etc.). Pode objetar, também, o excesso de execução (desconformidade com o título executivo).[11]

---

11. "*Excesso de penhora e excesso de execução. Diferenças.* O excesso de penhora não deve ser confundido com excesso de execução. Os artigos 741 do Código de Processo Civil e 884 da Consolidação não prevêem o excesso de penhora como motivo de embargos. O excesso de penhora deve ser alegado após a avaliação dos bens penhorados mediante requerimento nos termos do artigo 658, alínea I do CPC. Se o agravante entendesse ser excessivo o bem penhorado, poderia ter oferecido outro em substituição. Nada impede que, por ocasião da praça, o executado requeira a remição da dívida, com o levantamento da penhora" (TRT-2ª Reg., AgPet 2.925/1985, 2ª T., Ac. 14.318/5, rel. Juiz Roberto Barreto Prado, *LTR* 50(3):313, mar./1986). No mesmo sentido: TRT-2ª Reg., Seção Especial, AgPet 02940039717, rel. Juiz João Carlos de Araújo, *LTR* 59(8):1060, ago./1995.

No processo do trabalho, os embargos e a execução correm nos mesmos autos da reclamação trabalhista. Na execução por título extrajudicial, os embargos correrão nos mesmos autos da demanda executiva e possuirão efeito suspensivo (art. 739, § 1º, CPC).

"Na execução por carta precatória, os embargos serão oferecidos no juízo deprecante ou no juízo deprecado, mas a competência para julgá-los é do juízo deprecante, salvo se versarem unicamente vícios ou defeitos da penhora, avaliação ou alienação dos bens" (art. 747, CPC).

São inadmissíveis a reconvenção e a compensação. As exceções, salvo as de suspeição, incompetência (relativa) e impedimento, serão argüidas como matéria preliminar e serão processadas e julgadas com os embargos (art. 16, § 3º, Lei n. 6.830/1980).

Tendo sido arroladas testemunhas (até 3 por cada parte), poderá o juiz, se necessário, designar audiência para produção de provas, a qual se realizará em 5 dias (art. 884, § 2º, CLT). Havendo impossibilidade de a prova ser pré-constituída (juntada à inicial), e caso ela não se encontre nos autos, o embargante poderá requerer audiência de provas.

Encerrada a audiência de instrução ou sendo ela dispensada, o juiz julgará os embargos, em sentença fundamentada, da qual caberá agravo de petição para o Tribunal.

Vejamos, agora, as peculiaridades dos embargos formulados na execução por título executivo extrajudicial, salientando que eles se regem, no geral, pelas regras acima expendidas, principalmente quanto ao prazo, à legitimidade e à garantia prévia do juízo.

Tendo a Lei n. 9.958/2000 admitido a executoriedade de título extrajudicial na Justiça do Trabalho (art. 876, CLT), é de se invocar o art. 745, CPC, segundo o qual "quando a execução se fundar em título extrajudicial, o devedor poderá alegar, em embargos, além das matérias previstas no art. 741, qualquer outra que lhe seria lícito deduzir como defesa no processo de conhecimento".

A petição de embargos obedecerá aos requisitos das petições iniciais em geral, especialmente ao disposto no art. 840, § 1º, CLT. A impugnação aos valores apontados na execução deve ser específica, acompanhada de indicação pormenorizada dos cálculos corretos.

É de 5 dias o prazo para o credor impugnar os embargos, ante o disposto expressamente na CLT (art. 884), e de 30 se a embargante for a Fazenda Pública.

O ônus da prova dos fatos incumbe a quem alega (art. 818, CLT). Apresentado o título em juízo e contra ele se contrapondo o devedor, é deste o ônus de provar a sua inexigibilidade ou qualquer outro fator que fundamente suas razões. A prova pode consistir em testemunhas (até 3 por cada parte), documentos, depoimento pessoal, perícia (geralmente grafotécnica) etc.

Encerrada a instrução, o juiz julgará os embargos por sentença, agravável de petição para o Tribunal competente.

Além dos embargos à execução, objetivando impugnar o título condenatório (judicial ou extrajudicial), a CLT prevê uma outra modalidade do gênero: os embargos com natureza de impugnação à sentença de liquidação (art. 884, § 3º, CLT). Assim, nos embargos, pode-se manifestar o inconformismo com a mencionada sentença, "entretanto, tais alegações devem ter sido prequestionadas antes da sentença de liquidação" (Antônio de Oliveira).[12] Se, intimada a se pronunciar sobre os cálculos de liquidação, sob pena de preclusão, a parte deixar transcorrer *in albis* o prazo, não mais poderá questionar a matéria na via dos embargos (art. 879, § 2º, CLT).

Podem ajuizar ditos embargos, também chamados de *impugnação à liquidação* ou *embargos impugnatórios*, tanto o exeqüente quanto o executado (art. 884, § 3º, CLT). Afinal, qualquer um destes pode ficar insatisfeito com a conta definida pelo juiz em sua sentença de liquidação.

A apresentação desses embargos pelo devedor requer a garantia do juízo (pela penhora ou depósito do valor cobrado). Mas a proposição pelo credor dispensa a segurança do juízo, pois detém crédito, e não débito, na relação processual.

Por força da Lei n. 10.035/2000, o INSS pode impugnar a sentença de liquidação (art. 884, § 4º, CLT) e interpor agravo de petição da decisão do juiz (art. 897, § 8º, CLT). Estando na posição de credor, é dispensado do ônus de segurar previamente o juízo.

---

12. Francisco Antônio de Oliveira, "Síntese Prática da Execução na Justiça do Trabalho", *Revista de Direito do Trabalho* 10(53):43.

Objetivando atacar a sentença de liquidação, os embargos devem apresentar motivação das matérias e valores combatidos, indicando quais os corretos, especificamente (inteligência do art. 879, § 2º, CLT). A inobservância a este requisito oportuna a rejeição liminar dos embargos, independentemente de quem os tenha formulado.

Julgar-se-ão, na mesma sentença, os embargos e as impugnações à liquidação apresentados pelos credores trabalhista e previdenciário. O recurso interponível da sentença é o agravo de petição para o TRT.

7. Embargos à arrematação, à adjudicação e de terceiro

A par dos embargos à execução (também chamados pela CLT de embargos à penhora), estudados nos tópicos antecedentes, há, ainda, os denominados *embargos à arrematação* e *à adjudicação*, oponíveis pelo devedor até 5 dias antes da assinatura do auto de arrematação ou de adjudicação (art. 1.048, CPC, por analogia). A matéria ventilável será a fundada em nulidade de execução, pagamento, novação, transação ou prescrição, desde que supervenientes à decretação da penhora pelo juiz (art. 746, CPC).

Ditos embargos, denominados genericamente de *embargos à expropriação*, possuem natureza de ação incidental à execução e são compatíveis com o processo do trabalho, apesar do silêncio da CLT e da Lei n. 6.830/1980.

Da sentença caberá agravo de petição ao Tribunal.

Se, na apreensão judicial, alguém que não figure no pólo passivo da relação processual executiva[13] for turbado ou esbulhado na posse de seus bens por ato de apreensão judicial, torna-se cabível a ação incidental chamada *embargos de terceiros* (arts. 1.046 e ss., CPC). Poderá promovê-la, preventiva ou repressivamente, o possuidor do bem e mesmo seu cônjuge contra o Estado, embora, formalmente, o réu seja o exeqüente. O prazo para sua propositura é: *a)* no processo

---

13. O art. 1.046, §§ 2º e 3º, CPC, equipara a terceiro: *a)* a parte que, posto figure no processo, defende bens que, pelo título de sua aquisição ou pela qualidade em que os possuir, não podem ser atingidos pela apreensão judicial (p. ex., bens que possuir na qualidade de locatário, arrendatário, mero depositário etc..); e *b)* o cônjuge quando defende a posse de bens dotais, próprios, reservados ou de sua meação.

de conhecimento, a qualquer tempo, não tendo a sentença transitado em julgado; *b)* no processo de execução, até 5 dias depois da arrematação, adjudicação ou remição, enquanto não assinada a respectiva carta (art. 1.048, CPC).

A competência é do juiz que ordenou a apreensão dos bens e terão efeito suspensivo quanto aos bens objeto dos embargos. Não há necessidade de garantia do juízo. Os embargos serão distribuídos por dependência ao mesmo juiz que ordenou a apreensão e correrão em autos apartados (art. 1.049, CPC).

Protocolada a petição inicial, requerendo a manutenção ou restituição dos bens, o juiz determinará a notificação do exeqüente. A não resposta aos embargos de terceiro dentro de 10 dias acarretará a confissão ficta e o juiz deverá decidi-los em 5 dias.

É necessária a apresentação de prova sumária da posse dos bens do embargante e da qualidade de terceiro, mediante a apresentação de documentos acostados à inicial. Excepcionalmente, o juiz poderá designar audiência de instrução, quando poderão ser ouvidas as partes e suas testemunhas (art. 1.050, CPC). Encerrada a instrução, a ação será julgada.

Julgados procedentes os embargos de terceiro, o juiz liberará os bens apreendidos, mediante expedição de mandato de manutenção ou de restituição em favor do embargante. Da sentença caberá agravo de petição, dispensado o depósito recursal.

8. Fraude à execução

Distingue-se *fraude à execução* de *fraude contra credores* porque a primeira é de direito processual, ocorre no curso do processo, é ato nulo, aproveita somente ao exeqüente e nela o adquirente se priva das suas conseqüências. A *fraude contra credores*, ao contrário, é de direito material (arts. 106 a 113, CC), é mais genérica, torna o ato anulável e aproveita a todos os credores.

O art. 593, CPC, reputa haver fraude à execução a alienação ou oneração de bens: "I – quando sobre eles pender ação fundada em direito real; II – quando, ao tempo da alienação ou oneração, corria contra o devedor demanda capaz de reduzi-lo à insolvência; e III – nos demais casos expressos em lei". É requisito da *fraude* a pendência de ação judicial, em quaisquer de suas modalidades: de conhecimento, cautelar ou de execução.

A alienação de bens no curso da demanda, por si só, não faz presumir a fraude à execução; é preciso conduzir o executado, de fato, à insolvência, pouco importando se estava ou não de boa ou má-fé.[14]

Caracterizada a fraude à execução, o juiz deverá declarar a nulidade da transação, determinando a restituição dos bens alienados ou onerados ao patrimônio do devedor para garantir ou responder pela obrigação judicialmente exigida.

No art. 600, o CPC considera atentatório à dignidade da justiça o ato do devedor que: "I – frauda a execução; II – se opõe maliciosamente à execução, empregando ardis e meios artificiosos; III – resiste injustificadamente às ordens judiciais; IV – não indica ao juiz onde se encontram os bens sujeitos à execução".

Configurando-se o ato atentatório à dignidade da justiça, o devedor incidirá "em multa fixada pelo juiz, em montante não superior a 20% (vinte por cento) do valor atualizado do débito em execução, sem prejuízo de outras sanções de natureza processual ou material, multa essa que reverterá em proveito do credor, exigível na própria execução".

Por sua vez, o CP tipifica o crime chamado de *violência ou fraude em arrematação judicial*, assim dispondo: "Art. 358. Impedir, perturbar ou fraudar arrematação judicial; afastar ou procurar afastar concorrente ou licitante, por meio de violência, grave ameaça, fraude ou oferecimento de vantagem: Pena – detenção, de 2 (dois) meses a 1 (um) ano, ou multa, além da pena correspondente à violência".

9. Execução contra massa falida

Mesmo decretada a falência, os processos de cognição e o de liquidação prosseguem na Justiça do Trabalho. Este é o disposto no art. 76, da Lei 11.101/2005 (nova Lei de Falências – LF), que preceitua que: "O juízo da falência é indivisível e competente para conhecer todas as ações sobre bens, interesses e negócios do falido, *ressalvadas as causas trabalhistas* (...)" (grifos nossos).

---

14. A fraude à execução pode ser declarada incidentalmente no processo executório, independentemente de ação específica (*RJTJESP* 88/283).

O juízo universal falimentar não susta a execução trabalhista, vez que o crédito trabalhista é privilegiado, pelo seu cunho social e sua natureza alimentar, em face dos demais, como, p. ex., os créditos com garantia real e os tributários. A LF, no entanto, restringiu seu pagamento a 150 salários mínimos por credor, sendo que o restante do valor devido passará a figurar como crédito quirografário (art. 83, I e VI, LF).

Outra novidade trazida pela nova Lei é que os créditos trabalhistas de natureza eminentemente salarial que se vencerem nos 3 meses anteriores à decretação da falência, até o limite de 5 salários mínimos por trabalhador, serão pagos imediatamente após haver disponibilidade no caixa (art. 151, LF).

Parte da doutrina já defendia o entendimento, para nós o mais acertado, de que a habilitação no caso de créditos trabalhistas era uma faculdade, podendo o Juiz do Trabalho penhorar e arrematar bens arrecadados da massa, diretamente.[15]

O art. 114, CF (com a redação da EC n. 45/2004), veio a corroborar este entendimento, sobre o poder da Justiça Laboral no processo falimentar, ao lhe atribuir competência para dirimir os litígios originados do cumprimento de suas próprias decisões. O art. 5º da Lei n. 6.830/1980 (Lei de Execuções Fiscais – LEF), aplicável subsidiariamente ao processo do trabalho (art. 889, CLT), por sinal, já rezava: "A competência para processar e julgar a execução da Dívida Ativa da Fazenda Pública exclui a de qualquer outro juízo, inclusive o da falência, da concordata, da liquidação, da insolvência ou do inventário".[16]

Por fim, a LF trouxe em seu art. 6º o seguinte preceito: "A decretação da falência ou o deferimento do processamento da recuperação judicial suspende o curso da prescrição e de todas as ações e execuções em face do devedor, inclusive aquelas dos credores particulares do sócio solidário (...). § 2º. É permitido pleitear, perante o adminis-

---

15. TRT/7ª Região, RO 04672/1999, Rel. José Ronald Cavalcante Soares, *DOJT*, 20.3.2000; STF, CComp. 2.645, Rel. Min. Cunha Mello, j. 6.7.1962, *LTR* 31:638. No mesmo sentido: TST/Pleno, RO-MS 138/1974, Rel. Min. Rezende Puech, j. 18.9.1974, *LTR* 39/145.

16. Este dispositivo é complementado pelo art. 29 da mesma LEF: "A cobrança judicial da Dívida Ativa da Fazenda Pública não é sujeita a concurso de credores ou habilitação em falência, concordata, liquidação, inventário ou arrolamento". Mas é preferencial o crédito trabalhista, que, por isto, também não deve se sujeitar a concurso de credores ou habilitação em falência, concordata etc.

trador judicial, habilitação, exclusão ou modificação de créditos derivados da relação de trabalho, mas as ações de natureza trabalhista, inclusive as impugnações a que se refere o art. 8º desta Lei, serão processadas perante a justiça especializada até a apuração do respectivo crédito, que será inscrito no quadro-geral de credores pelo valor determinado em sentença".

A jurisprudência trabalhista, com supedâneo na legislação adequada à espécie, chega à conclusão de que o crédito trabalhista é dotado de privilégio superior, mesmo, às garantias reais, incluindo hipoteca, crédito industrial etc.[17] Contudo, é necessária a intimação do terceiro interessado, detentor de garantia real, a propósito da penhora realizada pelo juiz do Trabalho sobre o bem.[18]

10. Execução contra a Fazenda Pública

O tema é tratado pelo art. 730, CPC, e pelo art. 100, CF.

A citação feita à Administração Pública é para que ela oponha embargos (e não para pagar ou nomear bens à penhora) em 30 dias (art. 1º, Lei n. 9.494/1997, com redação da MP 2.180-35/2001). Como os bens públicos são impenhoráveis, é dispensável segurar-se o juízo.

Na fase executiva é inaplicável o favor legal referente ao quádruplo do prazo para contestar e o dobro para recorrer (art. 188, CPC; e Dec.-lei n. 779/1969). Na execução, os prazos são os normais.

Opostos os embargos, suspende-se a execução, notificando-se a parte contrária para impugná-los em 5 dias. Se necessário, o juiz designará audiência de prova. Caso contrário, encerrará a instrução e proferirá sentença.

---

17. TRT-9ª Reg., AgPet 2.470/1997, *DJ/PR* 6.3.1998, p. 398; mai./1998; TRT/AL, AgPet 86/1995, *IOBJur* 2/13.576, *Genesis* 7(42):887, jun./1996; TRT-6ª Reg., AgPet 180/1990, *LTR* 55(07):807; TRT-4ª Reg., AP 6.206/1984, *LTR* 50(3):322, mar./1986; TRT-8ª Reg., AgPet 1.034/1986; TRT-6ª Reg., AgPet 71/1987; TRT-8ª Reg., AP 1.236/1986.
18. "*Execução. Penhora. Bem hipotecado. Intimação. Art. 1.047 do CPC*. A existência de hipoteca não constitui obstáculo à realização da penhora; apenas obriga o credor exeqüente a requerer a intimação a que alude o art. 615, II, do CPC, não cumprida esta providência, poderá o credor hipotecário impedir a alienação judicial, sem, porém, excluir o bem da constrição" (TA/MG, 1ª T., AgPet 30238, j. 11.4.1986, *RJ* 126/1972).

A sentença proferida nos embargos, quando vencida a Fazenda Pública, não se submete ao duplo grau de jurisdição obrigatório. Não opostos embargos ou rejeitados eles pela sentença, o juiz solicitará ao presidente do Tribunal competente (trabalhista) a expedição de precatório contra a Fazenda Pública responsável, ou seja, a requisição de pagamento de débitos judiciais pela Fazenda (União, Estado, Município, DF, autarquias, fundações de direito público e outras entidades não exploradoras de atividade econômica). O presidente do Tribunal remeterá o precatório à repartição devedora, juntamente com cópia da sentença exeqüente.

É mandamento insculpido na CF o pagamento pela Fazenda Pública por *precatório*, dispondo o art. 100, que "à exceção dos créditos de natureza alimentícia, os pagamentos devidos pela Fazenda Federal, Estadual ou Municipal, em virtude de sentença judiciária, far-se-ão exclusivamente na ordem cronológica de apresentação dos precatórios e à conta dos créditos respectivos, proibida a designação de casos ou de pessoas nas dotações orçamentárias e nos créditos adicionais abertos para este fim". O § 1º, seguinte, torna obrigatória a inclusão, no orçamento das entidades de direito público, de verba necessária ao pagamento de seus débitos oriundos de sentenças transitadas em julgado, constantes de precatórios judiciários, apresentados até 1º de julho, fazendo-se o pagamento até o final do exercício seguinte, quando terão seus valores atualizados monetariamente.

O pagamento dos créditos judiciais por meio de *precatório* é um procedimento bastante demorado ante a necessidade de provisão de fundos destinados pela lei orçamentária.

O § 1º-A, art. 100, CF, esclarece que os débitos de natureza alimentícia compreendem os decorrentes de "salários, vencimentos, proventos, pensões e suas complementações, benefícios previdenciários e indenizações por morte ou invalidez, fundadas na responsabilidade civil, em virtude de sentença transitada em julgado". Incluem-se aí os títulos resultantes de condenação da Justiça do Trabalho.

As dívidas de pequeno valor também independem de precatório, devendo ser pagas logo. Cada unidade política (União, Estados, Municípios e DF) tem competência para definir o que seja "pequeno valor". No silêncio, adota-se o critério dos Juizados Especiais Federais: 60 salários mínimos.

Se o credor for preterido no seu direito de preferência, o presidente do Tribunal, que expediu a ordem, poderá, depois de ouvido o chefe do Ministério Público, ordenar o seqüestro da quantia necessária para satisfazer o débito (art. 731, CPC).

11. Recursos na execução

O recurso específico predestinado a combater as decisões proferidas na demanda executória é o agravo de petição (art. 897, CLT). Os embargos à execução não são recurso, como estudamos acima; possuem natureza de ação incidental à execução.

Dispõe o interessado de 8 dias para agravar de petição, sendo de igual duração o prazo para o agravado contra-arrazoar. A Fazenda Pública, no entanto, goza do privilégio da dobra para recorrer. As custas devem ser pagas e comprovado seu recolhimento no prazo para interposição do agravo, que exige a segurança do juízo (não é necessário depósito recursal quando penhorados bens suficientes para garantir o débito – inc. IV, c, IN n. 03/1993-TST).

Apesar de não possuir natureza recursal, o mandado de segurança tem sido impetrado com certa freqüência nas execuções, quando o ato judicial ofender direito líquido e certo do impetrante e não houver previsão de recurso para o caso.

12. Suspensão e extinção do processo de execução

Reza o art. 40 da Lei n. 6.830/1980 que o juiz "suspenderá o curso da execução, enquanto não for localizado o devedor ou encontrados bens sobre os quais possa recair a penhora, e, nesses casos, não correrá o prazo de prescrição". Suspendendo o curso da execução, o juiz abrirá vista dos autos ao exeqüente. Decorrido o prazo máximo de 1 ano, sem que seja localizado o devedor ou encontrados bens penhoráveis, o juiz ordenará o arquivamento dos autos, que serão desarquivados a qualquer tempo, para prosseguimento da execução, tão logo sejam encontrados bens.

A execução será suspensa, ainda, se os embargos houverem sido recebidos com efeito suspensivo e nas hipóteses do art. 265, I a III, CPC (art. 791, CPC), isto é: "I – pela morte ou perda da capacidade processual de qualquer das partes, de seu representante legal ou de seu procurador; II – pela convenção das partes; III – quando for oposta exceção de incompetência do juízo, da câmara ou do tribunal, bem como de suspeição ou impedimento do juiz". A suspensão do processo por convenção das partes não poderá exceder a seis meses; findo o prazo, o Diretor de Secretaria fará os autos conclusos ao juiz, que ordenará o prosseguimento do processo (art. 265, § 3º, CPC). Na hipótese de morte do procurador da parte, o juiz consignará 20 dias para que outro seja por ela nomeado, sob pena de extinção do processo sem julgamento do mérito.

Mesmo suspensa a execução, o juiz, e não as partes, poderá ordenar providências cautelares urgentes (art. 793, CPC).

Extingue-se a execução quando: a) o devedor satisfizer a obrigação; b) o devedor obtiver, por transação ou por qualquer outro meio, a remissão total da dívida; c) o credor renunciar ao crédito (art. 794, CPC). A extinção só produz efeito quando declarada por sentença.

13. Considerações complementares, por força da EC n. 45/2004: o Fundo de Garantia das Execuções Trabalhistas

Em razão da EC n. 45/2004, temos o dever de encerrar este capítulo analisando as novidades que ela traz sobre execução trabalhista, lembrando ao leitor que já tecemos considerações no Capítulo 1, no tópico 7 ("Aplicação imediata da EC n. 45/2004"), a propósito do direito intertemporal.

A redação anterior do art. 114, CF, era clara em incluir na competência da Justiça do Trabalho "os litígios que tenham origem no cumprimento de suas próprias sentenças, inclusive coletivas". A supressão dessa passagem, na nova redação dada ao art. 114, CF (pela EC n. 45/2004), em nada modifica o espírito daquela disposição, já consolidada no Direito pátrio. Esta competência para executar as próprias decisões é ínsita ao Judiciário em geral; vincula-se ao princípio do juiz natural, que, no particular, se expressa pela preservação da competência originária (salvo a mudança legal da competência absoluta – art. 87, CPC) e da *perpetuatio jurisdictione*.

Novidade, mesmo, está no art. 3º da EC n. 45/2004, ao dispor que "a lei criará o Fundo de Garantia das Execuções Trabalhistas, integrado pelas multas decorrentes de condenações trabalhistas e administrativas oriundas da fiscalização do trabalho, além de outras receitas".

Referido fundo ainda não tem aplicabilidade, por falta de lei que o regulamente, defina suas receitas com precisão, disponha sobre sua gestão e, sobretudo, regulamente os casos de levantamento pelo trabalhador, indicando a forma, os prazos etc.

Esta disposição foi inspirada no Direito espanhol, que prevê o *Fondo de Garantía Salarial* (FOGASA), cuja definição é a seguinte: é um organismo autônomo de caráter administrativo, pertencente ao Ministério do Trabalho, que garante aos trabalhadores, em determinadas condições e limites, a percepção de seus salários, incluídos os de tramitação processual (vencidos e vincendos), assim como as indenizações por rescisão contratual, os pendentes de pagamento por causa de insolvência, suspensão de pagamento salarial, falência ou concurso de credores da empresa, bem ainda outros regulados por lei. A lei básica, na Espanha, é o Real Decreto 505, de 6.3.1985, e o Estatuto dos Trabalhadores (art. 33).

O objetivo do Fundo espanhol (e, de resto, o brasileiro) é o de facilitar ao trabalhador o efetivo recebimento de seus créditos trabalhistas, sobretudo em casos de conjunturas econômicas das empresas, que forcem a rescisão contratual. Com isso, evita-se o longo caminho das ações judiciais de execução, que muitas vezes não surtem os resultados desejados nem amparam a tempo as necessidades vitais de sustento do trabalhador. Desse modo, o exeqüente recebe valor pecuniário do Fundo, que se sub-roga perante a empresa devedora, nos direitos e ações, pelo valor que pagou ao credor originário. A execução desta quantia, então, será levada a cobro pelo FOGASA, com todas as prerrogativas inerentes à Fazenda Pública federal.

De natureza pública, o Fundo de Garantia Salarial cobre até 4 meses de salário, assim como uma indenização máxima de 20 dias por ano. O FOGASA pagará aos trabalhadores o importe dos salários pendentes quando:

a) a dívida salarial for causada por insolvência da empresa;

b) o valor do salário haja sido reconhecido em decisão judicial ou acordo entre as partes;

c) o valor não for superior ao dobro do salário mínimo profissional pelo número de dias pendentes de pagamento;

d) o total dos dias computados não exceda a 120.

Far-se-á o pagamento das indenizações pelo Fundo nas seguintes hipóteses:

a) em se tratando de extinção contratual:

– por vontade do trabalhador, derivada de uma modificação substancial das condições de trabalho em prejuízo da formação profissional ou menoscabo da dignidade do trabalhador; por não pagamento dos salários ou inadimplemento contratual por parte do empresário;

– em casos de despedida coletiva, por causas econômicas, técnicas, organizacionais ou de produção;

– em casos de despedida, para amortização de posto de trabalho devido às causas anteriores;

b) por força maior.

O pagamento pelo Fundo só será possível se a quantia não superar o limite máximo de uma anualidade.

Estes são os parâmetros gerais do FOGASA, que devem inspirar a lei brasileira que regerá o Fundo de Garantia das Execuções Trabalhistas. Porém, enquanto não regulamentado por lei, a norma constitucional não pode ser aplicada, permanecendo a execução trabalhista nos moldes tradicionais, como descrito nesse livro. A competência para as questões envolvendo a cobrança e o pagamento pelo Fundo será da Justiça do Trabalho, a exemplo do que prevê a *Ley de Procedimiento Laboral* com relação ao FOGASA, na Espanha, ao possibilitar, até mesmo, ao juiz que conduz a ação trabalhista o chamamento do Fundo à lide, sendo nele, outrossim, que corre a ação de ressarcimento promovida contra a empresa devedora.

BIBLIOGRAFIA CONSULTADA

ALVIM, Arruda *et alii. Código do Consumidor Comentado.* São Paulo, Ed. RT, 1991.

COSTA, José de Ribamar da. *Direito Processual do Trabalho.* 5ª ed. São Paulo, LTr, 1992.

DALAZEN, João Oreste. *LTr* 55(10):1.170.

FERRAZ, Sérgio. *Mandado de Segurança (Individual e Coletivo) – Aspectos polêmicos.* 3ª ed. São Paulo, Malheiros Editores, 1992.

GARCIA, Izner Hanna. *Títulos de Crédito e Processo de Execução.* Rio de Janeiro, Aide Editora, 2000.
GIGLIO, Wagner. *Direito Processual do Trabalho.* 7ª ed. São Paulo, LTr, 1993.

MARQUES DE LIMA, Francisco Gérson. *Processo do Trabalho Anotado.* São Paulo, Ed. RT, 2001.
_____. *Direito Processual do Trabalho.* 3ª ed. São Paulo, Malheiros Editores, 2001.
_____. *Fundamentos Constitucionais do Processo – Sob a perspectiva dos direitos e garantias fundamentais.* São Paulo, Malheiros Editores, 2002.
_____. *Execução de Título Executivo Extrajudicial no Processo do Trabalho.* São Paulo, LTr, 2004.
MARQUES DE LIMA, Francisco Meton. *Elementos de Direito do Trabalho e Processo Trabalhista.* 3ª ed. São Paulo, LTr, 1991.
MAGALHÃES, Roberto Barcellos de. *Dicionário Jurídico e Repertório Processual.* 8ª ed. Rio de Janeiro, Editora Didática e Científica [1987].
MALTA, Christóvão Piragibe Tostes. *Prática do Processo Trabalhista.* 21ª ed. Rio de Janeiro, Edições Trabalhistas, 1990.

NASCIMENTO, Amauri Mascaro. *Curso de Direito Processual do Trabalho.* 10ª ed. São Paulo, Saraiva, 1989.

NERY JR., Nelson. *Princípios Fundamentais – Teoria Geral dos Recursos*. 4ª ed. São Paulo, Ed. RT, 1997.

_____. *Atualidades Sobre o Processo Civil – A Reforma do Código de Processo Civil Brasileiro de dezembro de 1994*. São Paulo, Ed. RT, 1995.

NUNES, Pedro. *Dicionário de Tecnologia Jurídica*. 12ª ed., 2ª tir. Rio de Janeiro, Freitas Bastos, 1993.

OLIVEIRA, Francisco A. *Medidas Cautelares, Procedimentos Especiais, Mandado de Segurança, Ação Rescisória e Ação Anulatória no Processo Trabalhista*. 3ª ed. São Paulo, Ed. RT, 1994.

_____. *A Execução na Justiça do Trabalho*. 2ª ed. São Paulo, Ed. RT, 1991.

_____. "Síntese Prática da Execução na Justiça do Trabalho". *Revista de Direito do Trabalho* 10(53):43, São Paulo, Ed. RT, 1985.

PARMEGGIANI, Eduardo Antunes. "Intervenção de Terceiros no Processo do Trabalho". *Revista LTr* 55(11):1345, São Paulo, LTr, nov./1991.

TEIXEIRA FILHO, Manoel Antonio. *As Ações Cautelares no Processo do Trabalho*. 2ª ed. São Paulo, LTr, 1989.

_____. *Execução no Processo do Trabalho*. 5ª ed. São Paulo, LTr, 1995.

GRÁFICA PAYM
Tel. (011) 4392-3344
paym@terra.com.br